Jack Trout

•

Trout über Strategie

Jack Trout

Trout über Strategie

Wie Sie die Köpfe der Verbraucher und damit die Märkte erobern

Aus dem Amerikanischen von Sabine Schilasky

Bibliografische Information Der Deutschen Bibliothek

Die Deutsche Bibliothek verzeichnet diese Publikation in der Deutschen Nationalbibliografie; detaillierte bibliografische Daten sind im Internet über http://dnb.ddb.de abrufbar.

Titel der Originalausgabe: „Trout on Strategy. Capturing Mindshare, Conquering Markets." Original edition copyright © 2004 by Jack Trout. First published by The McGraw-Hill Companies. All rights reserved.

German edition copyright © 2004 by Linde Verlag Wien Ges.m.b.H. All rights reserved.

Das Werk ist urheberrechtlich geschützt. Alle Rechte, insbesondere die Rechte der Verbreitung, der Vervielfältigung, der Übersetzung, des Nachdrucks und die Wiedergabe auf fotomechanischem oder ähnlichem Wege, durch Fotokopie, Mikrofilm oder andere elektronische Verfahren sowie der Speicherung in Datenverarbeitungsanlagen, bleiben, auch bei nur auszugsweiser Verwertung, dem Verlag vorbehalten.

ISBN 3-7093-0041-X

Es wird darauf verwiesen, dass alle Angaben in diesem Buch trotz sorgfältiger Bearbeitung ohne Gewähr erfolgen und eine Haftung des Autors oder des Verlages ausgeschlossen ist.

Umschlag: AG Media GmbH
© der deutschsprachigen Ausgabe
LINDE VERLAG WIEN Ges.m.b.H., Wien 2004
1210 Wien, Scheydgasse 24, Tel.: +43/1/24 630
www.lindeverlag.at

Druck: Hans Jentzsch & Co. GmbH., 1210 Wien, Scheydgasse 31

*Für meine Frau,
die mit mir leben musste,
während ich all meine Bücher schrieb.*

Inhalt

Vorwort 11

1. Strategie heißt Überleben 15
    Abends gibt es Fisch 15
    Essen gehen 16
    Die Explosion der Auswahl 16
    Das Prinzip der Teilung 18
    Die Entscheidungshilfe-Industrie 19
    Auswahl kann grausam sein 20
    Und es wird noch schlimmer 21

2. Strategie und die Wahrnehmung im Gedächtnis 23
    Das Gedächtnis ist limitiert 23
    Das Gedächtnis hasst Verwirrung 26
    Das Gedächtnis ist unsicher 29
    Das Gedächtnis verändert sich nicht 33
    Das Gedächtnis verliert leicht den Fokus 35

3. Strategie heißt Differenzierung 41
    Der Qualitätskrieg 41
    Der Kampf um Kundenzufriedenheit 42
    Differenzierung via „Der Erste" 43
    Differenzierung über ein Attribut 44
    Differenzierung via „Leadership" 46
    Differenzierung via Tradition 48
    Differenzierung via Produktionsverfahren 51
    Differenzierung via Bevorzugung 54

4. Strategie heißt Konkurrenzkampf 59

Der Irrtum vom „besseren Mitarbeiter" 59
Der Irrtum vom „besseren Produkt" 60
Wenn Sie so schlau sind, warum sind Sie dann nicht reich? ... 61
Marketing als Kriegsführung 62
Ein Wechsel in der Philosophie 62
Seien Sie konkurrenzorientiert 63
Taktik und Strategie 68
Taktik versus Strategie 71

5. Strategie heißt Spezialisierung 73

Eine Lektion 73
Eine weitere Lektion 74
Dasselbe gilt für den Einzelhandel 74
Der Gegenpol zu Wachstum 76
Experte werden 76
Ein Verlegertraum 77
Zum generischen Begriff werden 78
Andere kleine Spezialisten 78
Große Spezialisten 79
Und nun die schlechten Nachrichten 80
Vorsicht vor dem Hobby des CEO 81
Sagen Sie es, wie es ist 82

6. Strategie heißt Einfachheit 83

Die Suche nach dem Offensichtlichen 83
Eine Beobachtung direkt von der Straße 84
Marktforschung kann verwirren 85
Lassen Sie sich nicht von Daten hypnotisieren 87
Lassen Sie sich nicht von Fokusgruppen verwirren 88
Lassen Sie sich nicht von Testmärkten in die Irre treiben 90
Glauben Sie nicht alles, was man Ihnen sagt 90

Inhalt

Schnappschüsse aus dem Gedächtnis 91
Ein Wort im Gedächtnis der Verbraucher besetzen 92
Komplexe Sprache ist verwirrend 93
Die Wirtschaft hat ihren spezifischen Jargon 94

7. Strategie heißt Führung 99

Gehen Sie an die Front 100
Gesucht: Ehrliche Meinungen 103
Gesucht: Führungspersönlichkeiten 103
Es geht nicht um Zahlen 105
Es geht um Wahrnehmung 105
Es geht um langfristige Perspektiven 107
Am Ball bleiben ist alles 108
Führungspersönlichkeiten sind gute Generäle 109

8. Jede Strategie braucht einen Realitätsbezug 113

Die Wachstumsfalle 113
Die 15-Prozent-Illusion 114
Die echten Zahlen 115
Unmögliche Ziele 116
Ist Größe das wert? 117
Größe getarnt als Konvergenz 118
Größe ist schwer zu organisieren 118
Persönliche Interessen 119
Der Kampf der CEOs, Schritt zu halten 120
Dranbleiben 121
Die Realität des Marktes 122

Weitere Veröffentlichungen von Jack Trout 123

Über den Autor 128

Stichwortverzeichnis 129

Vorwort

Es war eine lange Reise. Ich begann bei General Electric und hatte die seltene Chance, durch meine Arbeit für Hunderte amerikanische und internationale Unternehmen aus nächster Nähe zu lernen, was zu Erfolg oder Misserfolg führt.

Diese Beobachtungen habe ich sorgfältig katalogisiert und in zehn Büchern sowie unzähligen Vorträgen tausenden Geschäftsleuten aus aller Welt aufgezeigt.

Was ich immer wieder festgestellt habe, ist, dass Erfolg nichts damit zu tun hat, ob man die richtigen Mitarbeiter hat oder die richtige Einstellung, die richtigen Werkzeuge, die richtigen Rollenmodelle oder die richtige Organisationsform.

Was zählt, ist allein die richtige *Strategie*. Die Strategie gibt die Richtung vor. Strategie diktiert die Produktplanung, Strategie sagt, wie die interne und externe Kommunikation aussehen soll, und legt den Fokus des Unternehmens fest.

Deshalb ist es so wichtig zu verstehen, worum es heute bei Strategie geht. Je besser Sie die Funktion der Strategie verstehen, desto eher sind Sie in der Lage, die richtigen strategischen Entscheidungen für langfristigen Erfolg zu treffen. Und umgekehrt sind Sie besser in der Lage, große Probleme zu verhindern, mit denen Sie im Killerwettbewerb konfrontiert werden.

An Ratschlägen zu diesem Thema mangelt es nicht. In den vergangenen 30 Jahren wurden 21.955 Bücher über strategische Planung und Marketing geschrieben. Ein Autor schreibt über nachhaltige Wettbewerbsvorteile. Ein anderer erklärt, diese Idee ist schon passé. Ein Autor spricht von der Notwendigkeit von Fallstudien. Und es geht weiter im Fachjargon: *dynamischer Vorteil, Conjoint-Analyse, Wettbewerbsdynamiken, Co-Evolution* und, mein Favorit, *nachhaltiger Wettbewerbsnachteil*. All das sorgt für nichts als Verwirrung.

Vorwort

Aber was das Thema noch schlimmer macht, ist die Tatsache, dass es Leute gibt, die sagen, Strategie sei eine Sache und Marketing eine andere. In Wahrheit müssen beide aufeinander abgestimmt sein, wenn Sie Erfolg haben wollen. Marketing ist die treibende Kraft im Geschäft. Eine exzellente Geschäftsstrategie ohne richtiges Marketing wird in Märkten mit intensivem Wettbewerb meistens scheitern. Zum besseren Verständnis ein Beispiel:

Ein kleine Softwareschmiede hat eine bessere Methode entwickelt, wie man Projektmanagement durchführt. Sie nutzen eine andere Methode zur Berücksichtigung projekttypischer Unsicherheitsfaktoren. Man könnte sagen, dieses Unternehmen hat eine Strategie mit einem deutlichen Wettbewerbsvorteil sowie ein überlegenes Produkt, und das Management braucht das Produkt nur den Marketingexperten zu geben und sie aufzufordern, der Welt zu erzählen, wie wunderbar die neue Software ist und welche Vorzüge diese hat. Dieser Ansatz würde fehlschlagen.

Das Problem ist, dass dieses Unternehmen zwei sehr große, etablierte und einige kleinere Mitbewerber hat. Alle werden schnell zum Angriff übergehen und alles unternehmen, um den neuen Konkurrenten aus dem Rennen zu werfen. Die Strategie wird darauf abzielen, deren Kunden damit nervös zu machen, dass sie ihr Projektmanagement einem Unbekannten anvertrauen.

Um überhaupt ins Rennen einsteigen zu können, muss dieses Unternehmen ein Marketingprogramm entwickeln, dass diese neue Software als „die nächste Generation bei Projektmanagementsoftware" positioniert. Und alle Aktivitäten des Unternehmens müssen dann genau diese Botschaft im Gedächtnis der Kunden verankern. Die Verankerung dieser „nächste Generation" in der Wahrnehmung der Kunden ist entscheidend über Erfolg oder Misserfolg. Nur so können natürliche Bedenken gegenüber einem unbekannten Unternehmen überwunden werden. Denn niemand möchte ein Produkt kaufen, das auf einer veralteten Technologie basiert.

Dieses Beispiel zeigt, wie im Marketing einer „nächsten Generation" ein grundlegendes Prinzip der Positionierung genutzt wird, nämlich dass es besser ist, Erster zu sein als besser zu sein. Das Marketing treibt die gesamte Geschäftsstrategie voran. Daher lautet meine Definition von Strategie: Strategie ist das, was Sie einzigartig macht und die beste Methode ist, Ihre differenzierenden Ideen im Gedächtnis Ihrer bestehenden und potenziellen Kunden zu verankern.

In dem vorhergehenden Beispiel ist die neue Version der Software einzigartig, weil sie projekttypische Unsicherheiten berücksichtigt. Das Konzept der „nächsten Generation" war der beste Weg, sich im Gedächtnis der Kunden zu verankern.

Obwohl ich schon sehr viel über Erfolg und Misserfolg geschrieben habe, habe ich mich noch nie gezielt mit der Quintessenz guter Strategie befasst. Also habe ich aus meinen vielen Büchern die zentralen Richtlinien ausgewählt, wie man die richtigen Dinge tut. Anders als sonst finden Sie im vorliegenden Buch einige Beispiele, aber keine detaillierten Fallstudien. Sie finden nur die wesentlichen Prinzipien, denen Sie folgen sollten.

Dieses Buch ist die Essenz dessen, was ich auf meiner langen Reise durch die Geschäftswelt gelernt habe.

Jack Trout

1. Kapitel
Strategie heißt Überleben

Der Einsatz guter Strategien sichert heute das Überleben in einer Welt des Killerwettbewerbs. Unter Einsatz guter Strategien können Sie überleben, was ich die *Qual der Wahl* nenne. Früher war Auswahl kein Problem. Als unsere frühesten Vorfahren sich fragten: „Was gibt es zum Abendessen?", war die Antwort nicht schwer. Es ging darum, ein Tier zu jagen, zu töten und in die Höhle zu schleppen.

Heute gehen Sie in einen unüberschaubaren Supermarkt, konfrontiert mit einem Meer von Angebot an Fleisch, das von jemand anderem gejagt, getötet, portioniert und für uns verpackt wurde. Unser Problem besteht nicht darin, unser Abendessen zu jagen, sondern zu entscheiden, für welches der Pakete aus einer Riesenauswahl wir uns entscheiden. Rotes Fleisch? Weißes Fleisch? Geflügel? Fleischersatz?

Und das ist der Anfang. Dann sollen Sie entscheiden, welchen Teil des Tieres Sie möchten. Lende? Kotelett? Rippe? Keule? Hinterteil?

Und was bringen Sie den Familienmitgliedern mit, die gar kein Fleisch essen?

Abends gibt es Fisch

Für besagte früheste Vorfahren bedeutete Fischen einen Stab zu spitzen und auf Glück zu hoffen.

Heute kann das bedeuten, dass Sie in einem „Bass Pro Shop" (Megastore für Anglerbedarf), L.L. Bean oder einem Cabela's landen und sich mit einer atemberaubenden Auswahl an Angelruten, Ködern, passender Kleidung, Booten und allem sonstigen Zubehör, der das Anglerherz höher schlagen lässt, konfrontiert sehen. Im Hauptgeschäft der Kette

Bass Pro in Springfield, Missouri, kann man sich auf knapp 330 Quadratmetern sogar die Haare schneiden und aus den Haarresten einen Köder anfertigen lassen. Seit dem gespitzten Stab hat sich also einiges getan.

Essen gehen

Viele Leute ziehen es heute vor, andere wegen des Abendessens zu fragen, wobei die Wahl des Lokals in New York alles andere als leicht ist. Aus diesem Grund haben Nina und Tim Zagat 1979 ihren Restaurantführer für New York verfasst, der uns die schwierige Frage der Wahl erleichtern soll.

Heute sind die *Zagat-Survey*-Restaurantführer im Taschenbuchformat längst zu Bestsellern geworden. Inzwischen sind 100.000 Menschen in über 40 amerikanischen und ausländischen Großstädten mit dem Testen und Bewerten von Restaurants befasst.

Die Explosion der Auswahl

Was sich in den letzten Jahrzehnten verändert hat, ist die unglaublich starke Zunahme an Auswahlmöglichkeiten. In den USA schätzt man, dass derzeit eine Million Lagereinheiten im Umlauf sind. Ein durchschnittlicher Supermarkt bietet 40.000 verschiedene Artikel an. Jetzt das Erstaunliche: Eine durchschnittliche Familie deckt 80 bis 85 Prozent ihres Bedarfs aus 150 Produkten. Das heißt, dass für 39.850 Produkte die Chancen schlecht stehen, überhaupt wahrgenommen zu werden.

Wer vor 50 Jahren in den USA einen PKW kaufen wollte, musste sich zwischen GM, Ford, Chrysler oder American Motors entscheiden. Heute sollen Sie zwischen GM, Ford, DaimlerChrysler, Toyota, Honda, Volkswagen, Fiat, Nissan, Mitsubishi, Renault, Suzuki, Daihatsu, BMW, Hyundai, Daewoo, Mazda, Isuzu, Kia und Volvo wählen. Zu Beginn der 70er Jahre waren 140 Automodelle verfügbar, heute sind es 260.

Selbst im kleinen Segment der Sportwagen ab 175.000-Dollar-Ferraris nimmt der Wettbewerb zu. Sie haben heute die Wahl zwischen Ferrari, Lamborghini, einem neuen Bentley-Sportwagen oder Aston Martin oder einem Mercedes SLR.

Vor dreißig Jahren boten die meisten Fahrzeughersteller ein halbes Dutzend unterschiedliche Fahrzeugtypen an. Mittlerweile gibt es eine solche Modellvielfalt (sportliche Geländewagen, Roadster, Kombis, Coupés, Minivans, Transporter, Pick-ups und „Crossovers"), dass die meisten Hersteller gezwungen sind, ihre Produktion auszulagern. Ein Autobauer in Österreich baut heutzutage BMW, Jeep, Mercedes und Saab. Könnte der gute alte Henry Ford das sehen, er wäre gewiss amüsiert. Sein Motto war ja: „Alle gleich und alle schwarz."

Und denken wir erst an die rasante Zunahme der Auswahl an Autoreifen. Hier wird die Qual der Wahl umso schlimmer. Früher waren es Goodyear, Firestone, General und Sears, heute stehen zusätzlich Bridgestone, Cordovan, Michelin, Cooper, Dayton, Kelly, Dunlop, Multi-Mile, Pirelli, Armstrong, Sentry, Uniroyal und 22 weitere Marken zur Auswahl.

Der große Unterschied besteht darin, dass einst nationale Märkte mit lokal konkurrierenden Unternehmen zu einem globalen Markt wurden, auf dem jeder hinter dem Geschäft des anderen herjagt.

Auswahl im Gesundheitswesen

Denken Sie nur an etwas Einfaches wie Gesundheitswesen. In alten Zeiten hatten Sie Ihren Hausarzt, Ihr Spital, Blue Cross, vielleicht Aetna/US Gesundheitsvorsorge, Medicare oder Medicaid. Heute treffen Sie auf Namen wie MedPartners, Cigna, Prucare, Columbia, Kaiser, Wellpoint, Quorum, Oxford, Americare und Multiplan und Konzepte wie health maintenance organizations (HMOs), peer review organizations (PROs), physician hospital organizations (PHOs) und preferred provider organizations (PPOs).

Die Auswahl nimmt zu

Was hier beschrieben wird, bezieht sich auf den US-Markt, der von allen existierenden Märkten mit Abstand die größte Auswahl bietet (weil die US-Bürger das meiste Geld haben und die meisten Marketingexperten, die es ihnen abnehmen wollen).

Sehen wir uns nun einen Wachstumsmarkt wie China an. Nach Jahrzehnten, in denen die Menschen ausschließlich von Staatsunternehmen produzierte Basis-Lebensmittel kaufen konnten, können sie nun auf eine wachsende Auswahl an heimischen und ausländischen Markenprodukten zurückgreifen. Jüngsten Umfragen zufolge entsteht bereits ein nationaler Markt für Markenlebensmittel. China hat bereits 135 nationale Lebensmittelmarken zur Auswahl. China hat zwar noch einen weiten Weg, aber die Qual der Wahl steigt. Andere Märkte sind weit vom Wachstum entfernt. Länder wie Liberia, Somalia, Nordkorea und Tansania sind so arm und so chaotisch, dass Auswahl nur ein Leuchten in den Augen der Menschen ist.

Das Prinzip der Teilung

Was zunehmende Auswahl vorantreibt, ist das Prinzip *der Teilung*, das erstmals 1993 in einem Buch veröffentlicht wurde, das ich zusammen mit Al Ries verfasste: *Die 22 unumstößlichen Gebote im Marketing*.

Wie die Computer begannen auch Autos als eine einzige Produktkategorie. Drei Marken (Chevrolet, Ford und Plymouth) beherrschten den Markt. Dann teilte sich die Kategorie.

Heute kann ein Haushalt mit Kabelfernsehen zwischen 150 verschiedenen Kanälen wählen. Und man erschreckt uns mit „Streaming Video", das den Kabelindustrietraum von einem 500-Kanäle-Universum geradezu traurig banal wirken lässt. Wenn wir dann also etwas finden, das wir uns ansehen wollen, ist die Sendung wahrscheinlich vorbei, wenn wir mit dem Durchsurfen fertig sind.

Teilung ist ein unaufhaltsamer Prozess. Sollte irgendjemand daran zweifeln, empfehlen wir einen Blick auf die nachstehende Tabelle, die die Explosion der Auswahl in Zahlen darstellt.

Die Entscheidungshilfe-Industrie

Die zuvor beschriebenen Umstände haben eine ganze Industrie entstehen lassen, die sich ausschließlich damit befasst, Entscheidungshilfe zu leisten. Die bereits erwähnten Zagat-Restaurantführer wurden schon oben genannt.

Die Explosion der Wahlmöglichkeiten		
Kategorie	Beginn der 70er Jahre (1970)	Ende der 90er Jahre (1990)
Automodelle	140	260
Menüartikel bei Kentucky Fried Chicken	7	14
Fahrzeugtypen	654	1.121
Chip-Sorten der Marke Frito Lay	10	78
SUV-Typen	8	38
Frühstücksflocken	160	340
PC-Modelle	0	400
Softwaretitel	0	250.000
Softdrinkmarken	20	87
Websites	0	4.757.894
Mineralwassermarken	16	50
Filmneuerscheinungen	267	458
Milchsorten	4	19
Flughäfen	11.261	18.202
Colgate-Zahnpastasorten	2	17
Zeitschriftentitel	339	790
Mundwasser	15	66
Buchneuerscheinungen	40.530	77.446
Zahnseide	12	64
Volkshochschulen	886	1.742
Verschreibungspflichtige Medikamente	6.131	7.563
Vergnügungsparks	362	1.174
Rezeptfreie Schmerzmittel	17	141
Bildschirmgrößen	5	15
Levi's-Jeans-Schnitte	41	70
TV-Kanäle in Houston	5	185
Laufschuhmodelle	5	285
Radiosender	7.038	12.458
Wäschemodelle für Damen	5	90
McDonald's-Menüartikel	13	43
Kontaktlinsenarten	1	36

an auch hinsieht, überall bietet einem irgendjemand seinen Rat an: in welchen der 8.000 offenen Investmentfonds man investieren soll, wer der beste Zahnarzt in St. Louis ist; oder welches der mehreren hundert MBA-Programme an den Hunderten von Wirtschafthochschulen das richtige ist. (Bekommen Sie damit einen Job an der Wall Street oder nicht?)

Zeitschriften wie *Consumer Reports* und *Consumers Digest* bewältigen das ständig wachsende Produktangebot nur, indem sie die Produkte und Auswahlkategorien, über die sie berichten, abwechseln. Allerdings haben sie den Nachteil, dass sie die einzelnen Kategorien so ausführlich und erschöpfend behandeln, dass man hinterher noch verwirrter ist als vorher.

Konsumpsychologen sagen, diese überwältigende Auswahl macht uns verrückt. Beachten Sie, was Carol Moog dazu sagt: „Zu viel Auswahl, die sofort konsumiert werden kann, verwöhnt und bewirkt, dass Kinder und Erwachsene infantil bleiben. Aus der Marketingperspektive bedeutet dies, dass die Verbraucher immer desinteressierter werden, fett und träge wie Mastgänse, und ihre Entscheidungsfähigkeit verlieren. Sie ziehen sich zurück und schützen sich so vor der Überstimulation. Sie werden gelangweilt."

Auswahl kann grausam sein

Das Wörterbuch definiert *Tyrannei* als eine absolute Macht, die oft hart und grausam ist.

Mit der Produktauswahl verhält es sich nicht anders. Aufgrund der hohen Wettbewerbsintensität werden Märkte heute von zunehmender Auswahl getrieben. Konsumenten stehen so viele Alternativen zur Auswahl, dass Unternehmen Fehler teuer bezahlen. Sie verlieren ihr Geschäft an die Konkurrenz und bekommen es kaum zurück. (*Das* ist grausam.) Werfen wir einen Blick auf die Grabsteine auf dem Markenfriedhof: PanAm, Digital Equipment Corporation, American Motors, Burger

Chef, Carte Blanche, Eastern Airlines, Gainesburgers, Gimbel's, Hathaway-Hemden, Horn & Hardart, Mr. Salty Pretzels, Philco, Trump Shuttle, VisiCalc.

Und das ist nur eine kurze Liste von Namen, die nicht mehr existieren.

Und es wird noch schlimmer

Wetten Sie nicht darauf, dass es besser wird. Mein Instinkt sagt mir, es wird eher noch schlimmer, und zwar aus dem einfachen Grund, weil eine große Auswahl eine noch größere erzeugt.

In einem Buch mit dem Titel *Schneller* beschreibt der Autor James Gleick das, was man eine verwirrende Zukunft nennen kann, als „die Beschleunigung von so ziemlich allem." Betrachten wir folgendes Szenario:

> *Die stark zunehmende Auswahl erzeugt eine positive Feedback-Schleife – genau genommen eine wahre Feedbackspirale. Je mehr Informationen auf uns einprasseln, desto mehr Internetportale, Suchmaschinen und Infodienste tun sich auf, die uns helfen wollen, indem sie uns mit noch mehr Informationen versorgen. Je mehr Telefonanschlüsse wir haben, umso mehr brauchen wir. Je mehr Patente es gibt, umso mehr Patentanwälte und Patentsuchdienste werden benötigt. Je häufiger wir in Kochbüchern blättern oder sie uns kaufen, umso größer wird unsere Überzeugung, wir müssten unsere Gäste stets mit neuen Gerichten überraschen, was zwangsläufig dazu führt, dass wir noch mehr Kochbücher brauchen. Erschwernisse erzeugen Auswahl, Auswahl inspiriert die Technologie, und die Technologien erzeugen Komplikationen. Ohne die heutige Vertriebs- und Herstellungseffizienz, ohne gebührenfreie Servicenummern, Expresslieferdienste, Barcodes und Scanner, vor allem aber ohne Computer würden sich die Auswahl nicht in dem Maße vergrößern.*
>
> *Meine Damen und Herren, das ist erst der Anfang.*

Was wirklich funktioniert

Nitkin Nohria, William Joyce und Bruce Toberson führten eine Studie durch, die *Harvard Business Review* im Juli 2003 als „gründlichste Untersuchung der Managementpraktiken, die jemals unternommen wurde", bezeichnete. Sie berichteten, dass der Erfolg nicht in CRM, TQM, BPR und anderen Werkzeugen oder Marotten beruht. Überlegene Leistung in den heutigen hoch kompetitiven Märkten basiert allein auf der Beherrschung zentraler unternehmerischer Grundlagen. Der legendäre Footballspieler Vince Lombardi der Green Bay Packers hätte das wohl als Kombination aus guter Abwehr und gezieltem Angriff bezeichnet.

Die wichtigste Grundregel der Green Bay Packers lautete: „Entwicklung und Verfolgung einer klar definierten und fokussierten Strategie." Strategische Überlegenheit setzt voraus, dass man sich über die eigene Strategie im Klaren ist und diese konsequent an seine Kunden, Mitarbeiter und Aktionäre kommuniziert. Es ist ein einfaches fokussiertes Nutzenangebot. Einfach gesagt: Warum sollte man bei Ihnen und nicht bei der Konkurrenz kaufen?

Die Definition von Strategie

Wenn man davon ausgeht, dass eine gute Strategie das Überleben sichert, lohnt sich ein Blick ins Wörterbuch – in diesem Fall das *Webster's New World Dictionary* –, um zu sehen, wie Strategie definiert wird:

> *Die Wissenschaft von der Planung und Führung großer militärischer Operationen. Von der Aufstellung der Truppen in die günstigste Position, und zwar vor dem Feindkontakt.*

Sie sehen, dass es sich um einen militärischen Begriff handelt, der den Feind vor Augen hat. Wer nun die „aussichtsreichste Position" sucht, muss zunächst das Schlachtfeld studieren, verinnerlichen und sich sicher darauf zu bewegen lernen. Und dieses Schlachtfeld ist das Gedächtnis bestehender und potenzieller Kunden.

FAZIT

In einer harten Welt überlebt man nur mit Strategie.

2. Kapitel
Strategie und die Wahrnehmung im Gedächtnis

Positionierung differenziert Sie im Gedächtnis der Kunden. Deshalb dreht sich Positionierung vor allem darum, wie das Gedächtnis im Kommunikationsprozess zwischen Unternehmen und Kunden funktioniert.

Erstmals habe ich mich 1969 mit dem Thema auseinander gesetzt, als ich einen Artikel für *Industrial Marketing Management* schrieb, dessen Überschrift lautete: „Das Spiel, das auf dem heutigen Me-too-Markt gespielt wird, heißt Positionierung." (Damals begann die Qual der Wahl.) Und nun möchte ich ein Geheimnis lüften: Ich wählte das Wort *Positionierung* wegen der Wörterbuchdefinition aus dem vorigen Kapitel: Finden Sie die günstigste Position gegenüber dem Feind.

1981 dann schrieben mein Ex-Partner Al Ries und ich zusammen unser Buch *Positioning. Die neue Werbestrategie,* und 1996 folgte *The New Positioning: The Latest on the World's # 1 Business Strategy.* Dieses Buch stellte auf die Erkenntnis ab, dass Erfolg oder Misserfolg von Unternehmensstrategien ausschließlich von der Beherrschung der fünf zentralen Elemente des Positionierungsprozesses abhängen. Hier nun ein kurzer Abriss jedes der Elemente.

1. Das Gedächtnis ist limitiert

So wie der Arbeitsspeicher eines Computers hält auch das Gedächtnis einen Speicherplatz für die Informationen bereit, die wir abspeichern wollen. Das menschliche Gedächtnis arbeitet auf ähnliche Weise wie ein Computer. Einen wesentlichen Unterschied gibt es allerdings: Ein Computer verarbeitet alle Daten, die erfasst werden, unser Gedächtnis jedoch nicht. Ganz im Gegenteil. Unser Gedächtnis lehnt alles Neue und Unbekannte, das sich nicht sofort an einem bereits existierenden Speicherplatz abspeichern lässt, ab. Es akzeptiert lediglich solche Informationen, die sich bereits bestehenden Informationen zuordnen lassen.

Ein unpassender Speicher

Und das menschliche Gehirn weist nicht nur Informationen zurück, die keinen Bezug zu bereits vorhandenen Informationen aufweisen, sondern es verfügt darüber hinaus auch noch über wenig Wissen und Erfahrung, mit denen es arbeiten kann. In unserer gegenwärtigen Gesellschaft, in der Kommunikation im Überfluss stattfindet, erweist sich unser menschliches Gedächtnis als völlig unbrauchbarer Speicher.

Gemäß dem Harvard-Psychologen George A. Miller kann das menschliche Gedächtnis nicht mehr als sieben Einheiten gleichzeitig verarbeiten, weshalb sieben eine beliebte Zahl für alle Merklisten ist – nicht zu vergessen siebenstellige Telefonnummern, die Sieben Weltwunder, Spiele mit sieben Karten oder Steinen (Scrabble), Schneewittchen und die sieben Zwerge. Bitten Sie eine beliebige Person, alle Marken einer Produktkategorie aufzuzählen, an die sie sich erinnert. Sie werden selten erleben, dass daraufhin mehr als sieben Namen genannt werden, und das lediglich in Kategorien, für die sich der oder die Befragte überdurchschnittlich stark interessiert. Sobald es um Produkte von geringem Interesse geht, nennt der durchschnittliche Verbraucher normalerweise nicht mehr als einen oder zwei Namen. Versuchen Sie nur, die zehn Gebote aufzuzählen. Oder, falls das zu schwierig ist, wie wäre es mit den sieben Warnsignalen bei einer Krebserkrankung oder den vier apokalyptischen Reitern?

Wenn also unser mentaler Stauraum zu klein ist, um mit Fragen wie diesen fertig zu werden, wie in aller Welt wollen wir dann auf dem Laufenden bleiben, was all die Markennamen betrifft, die sich in letzter Zeit vermehren wie die Kaninchen?

Die Produktleiter

Um mit der Produktvielfalt einigermaßen zurechtzukommen, haben die Menschen gelernt, im Gedächtnis Marken zu reihen. Man kann es sich wohl am besten als eine Reihe von Leitern vorstellen, von denen jede für eine Produktkategorie steht und jede einzelne Sprosse für eine Marke. Einige Leitern haben viele Sprossen (und „viele" wären sieben), während andere nur wenige bis gar keine haben.

Ein Wettbewerber, der seinen Marktanteil ausbauen will, muss nun entweder die über ihm liegende Marke von dort verdrängen (was zumeist unmöglich ist) oder irgendwie dafür sorgen, dass die eigene Marke mit der Marke auf der Sprosse über ihm in ein Verhältnis gesetzt wird. Dennoch beharren viele Unternehmen auf Marketingprogrammen, die so angelegt sind, als existiere der Mitbewerb überhaupt nicht. Sie werben quasi in ein Vakuum hinein und sind dann enttäuscht, wenn ihre Botschaft nicht ankommt.

Auf der Produktleiter im Gedächtnis weiter nach oben zu kommen, kann extrem schwierig sein, wenn die Marken, die oberhalb der eigenen positioniert sind, fest verankert sind und für die eigene Marke keine Hebelwirkung oder Positionierungsstrategie vorhanden ist. Ein Werbefachmann, der eine neue Produktkategorie einführen will, muss eine neue Leiter im Gedächtnis aufstellen. Auch das ist schwierig, insbesondere dann, wenn die neue Kategorie nicht gegen die alte positioniert wird. Das Gedächtnis bietet keinen Raum für Neues und anderes, es sei denn, es weist einen Bezug zu bereits Bekanntem auf.

Daher empfiehlt sich bei der Einführung eines völlig neuen Produkts, zunächst einmal zu erklären, was es nicht ist, statt zu beschreiben, was es ist. Das erste Automobil beispielsweise wurde *pferdelose Kutsche* genannt, erhielt also eine Bezeichnung, die es den potenziellen Käufern ermöglichte, das neue Konzept im gegensätzlichen Bezug zur existierenden Transportmethode zu positionieren. Formulierungen wie *bleifreies Benzin* und *zuckerfreie Limonade* sind weitere Beispiele dafür, wie sich neue Konzepte am besten *gegen* alte positionieren lassen.

Der Neuigkeitswert

Eine andere Methode, den naturgegebenen Hang zu Altbekanntem zu überwinden, ist die Präsentation der eigenen Botschaft als wichtige *Neuigkeit*. Zu viele Werbeagenturen setzen in ihren Kampagnen auf Unterhaltung oder Klugheit. Dabei vergessen sie leider oft, den Neuigkeitswert ihrer Story hervorzuheben.

Die Marktforscher des Unternehmens Roper Starch demonstrieren, dass Überschriften, die Neuigkeiten enthalten, weitaus öfter gelesen werden als solche, in denen scheinbar nichts Neues vorkommt. Bedauerlicherweise gilt dieses Vorgehen vielen Kreativen als überholt. Wenn die Menschen glauben, Sie hätten eine wichtige Botschaft zu vermitteln, werden sie Ihnen lange genug ihr Ohr leihen, um aufzunehmen, was Sie zu sagen haben.

2. Das Gedächtnis hasst Verwirrung

Menschen verlassen sich aufs Lernen wie keine andere Spezies.

„Lernen ist die Art, wie Menschen und Tiere neue Informationen aufnehmen", sagt ein Wissenschaftler am Columbia University Center für Neurobiologie und Verhaltensforschung. „Das Gedächtnis dient dazu, den erworbenen Informationsstand langfristig zu erhalten."

„Das Erinnerungsvermögen definiert sich nicht nur durch die Fähigkeit, eine Telefonnummer zu behalten", sagt die Experimentalpsychologin Lynne Reder, die an der Carnegie Mellon University das Gedächtnis erforscht. „Vielmehr ist es ein dynamisches System, das in jeder Facette des Denkprozesses zur Anwendung kommt. Wir benutzen unser Gedächtnis zum Sehen, zum Verstehen von Sprachen und um uns unterwegs zu orientieren."

Wenn also das Gedächtnis so wichtig ist, worin besteht dann das Geheimnis, sich in der Erinnerung zu verankern?

Halten Sie es einfach

Auf die Frage, welcher einzelne Schritt für die Entwicklung der Relativitätstheorie besonders hilfreich war, antwortete Einstein angeblich: „Als mir klar wurde, wie ich über das Problem denken sollte."

John Sculley, der frühere Präsident von Apple, formulierte es folgendermaßen:

> *Alles, was wir im Industriezeitalter gelernt haben, scheint die Dinge immer noch komplizierter zu machen. Ich denke, mehr und mehr Leute begreifen, dass man vereinfachen muss und nicht verkomplizieren. Es ist eine ziemlich asiatische Vorstellung, dass Einfachheit die höchste Form von Raffinesse ist.*

Professionelle Kommunikatoren, wie zum Beispiel Nachrichtensprecher, sind längst mit diesem Prinzip vertraut. Deshalb achten sie darauf, ihre Wortwahl möglichst klar und einfach zu halten. (Mehr dazu im 6. Kapitel.)

Das Problem der Komplexität

Wir neigen dazu, Langeweile als eine Folge von Mangel an Stimulanzien zu deuten, eine Art Informationsunterversorgung. Zu beobachten ist jedoch, dass gerade ein exzessives Angebot an Stimulanzien und ein Informationsüberfluss Ursache für Langeweile sein können.

Informationen tendieren genauso wie Energie dahin, sich mit wachsender Dichte im Wert zu verringern – sie schrumpfen zu Lärm, Überfluss und Banalität zusammen. Anders gesagt: Das schnelle Pferd der Information überholt das langsame der Sinnhaftigkeit. Komplizierte Antworten helfen niemandem. So braucht beispielsweise jeder Manager Informationen, weil der Unterschied zwischen einer fundierten Entscheidung und blindem Raten in der Information gründet. Das heißt aber nicht, dass Manager unter einem Wust an Computerausdrucken und Berichten lebendig begraben werden wollen.

Produkte mit „mehr"

Es gibt ein tolles Wort für neue Produkte: *mehr*.

Marketingexperten lieben es, über *Konvergenz* zu sprechen, einen Prozess, der Technologien verschmelzen lässt und wunderbare neue Produkte generiert. Sehen wir uns einmal die Liste der jüngsten Opfer an:

- AT&T's EO Personal Computer: ein Handy-, Fax-, E-Mail-Gerät, das gleichzeitig Organizer und Minicomputer ist
- Okidatas Doc-it: ein Desktopdrucker, Fax, Scanner und Kopierer
- Apples Newton: ein Fax, Beeper, elektronischer Kalender und Minicomputer
- Sonys Multimedia-Player mit Display und interaktivem Keyboard

Diese Beispiele nehmen sich aber gegenüber Bill Gates' Vorstellung von der zukünftigen Brieftasche vergleichsweise harmlos aus. Gates hat die Vision eines Geräts, das als Kombination beziehungsweise Ersatz von Schlüsseln, aufladbaren Plastikkarten, Personalausweis, Schreibgerät, Reisepass und Album für Kinderfotos fungieren soll. Zudem soll es natürlich mit GPS ausgestattet sein, damit man immer seinen jeweiligen Aufenthaltsort mitteilen kann.

Wird irgendeines dieser Produkte überleben? Unwahrscheinlich. Sie sind zu verwirrend und zu komplex. Die meisten Menschen kommen ja nicht einmal mit ihrem Videorecorder zu Rande. Außerdem haben Menschen eine Abneigung gegen alles Verwirrende und eine Vorliebe für das Einfache. Sie möchten Geräte, die auf einen Knopfdruck funktionieren.

Verwirrende Konzepte

Einige Produkte sind bereits wegen der zugrunde liegenden Konzeption zum Scheitern verurteilt. Und das nicht etwa, weil sie nicht funktionieren, sondern weil sie einfach keinen Sinn machen. So zum Beispiel Mennens Vitamin-E-Deodorant. Ja, genau. Die Idee war, sich Vitamin E unter die Achseln zu sprühen. Stellen Sie dieses Produkt einer beliebigen Kundengruppe vor und Sie haben die Lacher garantiert auf Ihrer Seite. Das Konzept ergibt einfach keinen Sinn, es sei denn, man wünscht sich die gesündesten, besternährten Achselhöhlen des Kontinents. Und niemand möchte sich allen Ernstes ausmalen, wie die aussehen würden.

Das Produkt war ein Flop.

Oder Extra-Strength Maalox Whip Antacid (Maalox-Sahne-Antazidum). Ob man es glaubt oder nicht, das Konzept war tatsächlich, mit einem Löffel Schlagsahne hartnäckiges Sodbrennen zu bekämpfen.

Dieses Produkt hatte schon Mühe, es überhaupt bis in die Regale zu schaffen, da die meisten Drogisten die Vertreter auslachten und direkt wieder nach Hause schickten. Mittel gegen Übersäuerung sollten eben in Tabletten- oder Saftform daherkommen, und nicht als Schlagsahne verkleidet.

Die einzige Wirkung dieses Mittels bestand darin, dem Hersteller William H. Rorer ein besonders teures Sodbrennen zu bescheren.

Die Verwirrung hatte wieder zugeschlagen.

3. Das Gedächtnis ist unsicher

Aristoteles hätte wahrscheinlich einen lausigen Werbefachmann abgegeben. Reine Logik ist keine Garantie für ein überzeugendes Argument. Unsere Wahrnehmung und unser Gedächtnis arbeiten emotional, nicht rational.

Warum kaufen Menschen, was sie kaufen? Warum handeln sie so, wie sie handeln? Die Psychologen Robert Settle und Pamela Alreck schreiben in ihrem Buch *Why They Buy*, entweder wüssten es die Verbraucher selbst nicht oder sie wollten es nicht verraten. Befragt man Menschen, warum sie gerade ein bestimmtes Produkt gekauft haben, sind die Antworten meist nicht genau und wenig brauchbar. Daraus kann man natürlich auch schließen, sie wüssten sehr wohl warum, wollten einem den Grund jedoch nicht nennen. In den meisten Fällen aber kann man davon ausgehen, dass sie wirklich nicht *wissen*, welche Motive sie zum Kauf bewegt haben.

Selbst im Bezug auf das Erinnerungsvermögen ist das Gehirn unsicher und neigt dazu, sich vorzugsweise an Dinge zu erinnern, die gar nicht mehr existieren. Entsprechend wird sich ein gut etablierter Markenname über lange Zeit halten, auch wenn er nicht mehr laufend durch Werbung unterstützt wird.

Kaufen, was andere kaufen

Nach meiner Erfahrung wissen die meisten Menschen gar nicht, was sie wollen. (Warum soll man sie also fragen?) Meistens kaufen sie, was sie meinen haben zu müssen. Sie sind wie Schafe, die dem Herdentrieb und somit dem Hirten folgen.

Brauchen tatsächlich so viele Leute ein Auto mit Allradantrieb? (Nein.) Und wenn so viele einen brauchen, warum haben sie sich nicht schon vor Jahren durchgesetzt? (Da waren sie noch nicht Mode.)

Der eigentliche Grund für dieses Verhalten ist Unsicherheit, ein Thema, das bereits von vielen Wissenschaftlern umfangreich erörtert wurde.

Die fünf Formen des wahrgenommenen Risikos

Unser Gedächtnis ist aus vielerlei Gründen unsicher. Einer ist das wahrgenommene Risiko bei so grundlegenden Dingen wie einer Anschaffung. Verhaltensforscher sprechen von fünf Formen des wahrgenommenen Risikos:

1. *Finanzielles Risiko:* Es besteht die Gefahr, dass ich mit dieser Anschaffung mein Geld verschwende.
2. *Funktionelles Risiko:* Vielleicht funktioniert das Produkt nicht oder tut nicht das, was ich mir davon erwarte.

3. **Physisches Risiko:** Das Produkt sieht gefährlich aus. Ich könnte mich verletzen.
4. **Soziales Risiko:** Was werden meine Freunde von mir denken, wenn ich mir das kaufe?
5. **Psychisches Risiko:** Ich bekomme vielleicht Schuldgefühle oder fühle mich verantwortungslos, wenn ich das kaufe.

Der Herdentrieb

Eines der wohl interessantesten Werke über den menschlichen Herdentrieb hat Robert Cialdino verfasst. Er spricht von dem Prinzip des so genannten *social proof* als einem besonders einflussreichen Methode zur Beeinflussung:

> *Dieses Prinzip besagt, dass wir herausfinden, was richtig ist, indem wir herausfinden, was andere für richtig befinden. Dieses Prinzip der sozialen Bestätigung entspricht genau der Art und Weise, wie wir entscheiden, was korrektes Verhalten ist. Wir sehen ein bestimmtes Verhalten in einer bestimmten Situation als korrekt an, wenn wir das bei anderen so erlebt haben.*
>
> *Normalerweise sind wir mit dieser Neigung, etwas für angemessen zu halten, weil andere es auch tun, ziemlich gut aufgehoben. In der Regel ist es so, dass wir weniger Fehler begehen, wenn wir uns den sozialen Gepflogenheiten anpassen. Wenn viele Menschen etwas Bestimmtes tun, können wir für gewöhnlich davon ausgehen, dass es richtig ist.*
>
> *Allerdings birgt das Prinzip des „social proof" sowohl eine große Stärke als auch eine nicht zu unterschätzenden Schwäche. Wie bei allen Instrumenten der Einflussnahme gilt auch für den „social proof", dass er uns schnell Aufschluss darüber gibt, welches Verhalten angebracht ist. Gleichzeitig aber macht er uns auch verwundbar für die Angriffe aller, die genau davon profitieren wollen, dass wir bei unserer Verhaltenswahl gern den kürzesten Weg wählen.*

Strategie und die Wahrnehmung im Gedächtnis

Testimonials

Sind wir uns nicht sicher, was wir tun sollen, suchen wir den Rat anderer. Deshalb gehört die Schaffung von *Vorbildern* zu einem der ältesten taktischen Instrumente der Werbung. Sie zielt direkt auf unsere Unsicherheit und attackiert uns gleich an drei emotionalen Fronten – der Dreifaltigkeit von Eitelkeit, Neid und der Angst, nicht dazuzugehören. Stanley Resor, der ehemaligen Manager von J. Walter Thompson, spricht in diesem Zusammenhang vom „Geist der Nachahmung". So sagt er: „Wir wollen diejenigen nachahmen, die wir in Sachen Geschmack, Wissen oder Erfahrung für überlegen halten."

Heute zählen Sportler zu den Lieblingsvorbildern. Michael Jordan und Tiger Woods sind Musterbeispiele dafür, wie gut diese Taktik funktioniert.

Der Mitläufereffekt

Auf den *Mitläufereffekt* zu setzen ist ebenfalls eine wirkungsvolle Methode, unsichere Menschen von etwas zu überzeugen.

Der Ausdruck „Bandwagon" kommt von üppig dekorierten Wagen, auf denen die Mitglieder einer Band in einer Parade gefahren sind. Heute ist der Begriff zu einem Synonym für einen Trend geworden, dem sich immer mehr Menschen anschließen.

Umfragen und Abstimmungen werden immer wieder gern benutzt, um einen Mitläufereffekt zu erreichen. (J. D. Powers-Umfragen wären ein gutes Beispiel.)

Eine andere Strategie ist die, unsichere Verbraucher mit Ausdrücken wie „meistverkauft" oder „am häufigsten verwendet" zu ködern. Sie besagen nichts anderes, als dass andere unser Produkt offenbar für ziemlich gut halten.

Tradition

Marketingexperten setzen auch gern auf Traditionen, um Kunden für ihr Produkt zu gewinnen. (Was könnte ein einfacher Verbraucher schließlich an einer langen Tradition aussetzen?)

Schon 1919 bewarb Steinway seine Klaviere mit dem Slogan „Das Instrument der Unsterblichen".

Die Firma Cross preist ihre Füller und mechanischen Bleistifte als „seit 1846 makellose Klassiker" an.

Glenlivet positioniert sich als „Vater aller Scotch-Whiskys. Die Regierung seiner Majestät verlieh der Glenlivet-Destillerie mit dem Erlass von 1823 die allererste Lizenz zum Destillieren von Single-Malt-Whisky in den Highlands."

Coca Cola setzt auf seine Geschichte als Erfinder des Softdrinks, indem es sich als „the real thing" betitelt. Dieses ist die erfolgreichste aller Strategien des Getränkekonzerns.

4. Das Gedächtnis verändert sich nicht

Im Marketing herrschte stets die Auffassung, die Bewerbung eines neuen Produkts wecke größeres Interesse als Werbung für etablierte Marken. Nun stellt sich jedoch heraus, dass Käufer sich eher von dem beeindrucken lassen, was sie bereits kennen (oder kaufen), als von dem, was „neu" ist.

Das Marktforschungsunternehmen McCollum Spielman testete über 23 Jahre lang mehr als 22.000 Fernsehwerbespots, von denen annähernd 6.000 für neue Produkte in zehn Produktkategorien warben. Was war das Ergebnis? Lediglich in einer der zehn untersuchten Kategorien (Produkte für Haustiere) konnte bei der Werbung für neue Produkte eine größere Überzeugungskraft und ein damit verbundenes verändertes Kaufverhalten festgestellt werden.

In den anderen neun Kategorien – von Medikamenten über Getränke bis hin zu Hygieneartikeln – nahmen die Verbraucher keinen relevanten

Unterschied zwischen etablierten und neuen Marken wahr und reagierten daher nicht auf die neuen Produkte.

Bei der existierenden Flut an Werbespots für unzählige verschiedene Marken kann man „Kreativität" als Überzeugungsinstrument im Allgemeinen vergessen. Man bleibt also lieber bei dem, was man kennt.

Der Versuch, Einstellungen zu verändern

In seinem Buch *Die Reengineering Revolution* bezeichnet der ehemalige MIT-Professor und jetzige Unternehmensberater Michael Hammer die angeborene menschliche Veränderungsresistenz als „den erstaunlichsten, ärgerlichsten, frustrierendsten und verwirrendsten Teil" des Reengineerings.

Zum besseren Verständnis dieser Resistenz liefert das Buch *Attitudes and Persuasions* einige hilfreiche Erkenntnisse. Darin widmen sich die Autoren Richard Petty und John Cacioppo ausführlich dem „Glaubenssystem". Warum sich unsere Einstellungen so schwer verändern lassen, erklären sie wie folgt:

> *Aus der Perspektive eines Informationstheoretikers sind Wesen und Struktur des Glaubenssystems wichtige Aspekte, da man davon ausgeht, dass unsere Überzeugungen die kognitive Grundlage unserer Einstellungen bilden. Um diese Einstellungen zu verändern, muss demzufolge die Information verändert werden, auf die sie sich stützen. Gemeinhin ist es daher notwendig, bisher Geglaubtes zu eliminieren oder neue Überzeugungen einzuführen.*

Und das soll mit einem 30-Sekunden-Werbespot gelingen?

Was die Psychologen sagen

Auch in *The Handbook of Social Psychology* wird darauf hingewiesen, dass es schwer ist, Überzeugungen zu beeinflussen:

> *Jedes Programm zur Veränderung von Überzeugungen steht vor außerordentlichen Problemen. Wie schwierig es ist, die Grund-*

überzeugungen einer Person zu ändern, zeigt sich unter anderem in der Psychotherapie – selbst wenn sie über einen längeren Zeitraum stattfindet. Des Weiteren können wir in solchen Programmen immer wieder feststellen, dass auch dann, wenn es gelingt, einige Einstellungen zu verändern, dies wenig oder keinen Einfluss auf andere Einstellungen hat.

Und verschlimmernd kommt hinzu, dass die Wahrheit in diesen Fällen so gut wie keine Rolle spielt. Dazu folgende Beobachtung:

Menschen bilden sich zu einer erstaunlichen Bandbreite von Themen Meinungen. Sie scheinen genau zu wissen, was ihnen gefällt (und vor allem: was nicht), selbst wenn es sich um Themenbereiche handelt, in denen sie sich wenig auskennen, wie etwa „die Chinesen", oder die in ihrem Alltag von geringer Relevanz sind, wie etwa „das Leben auf anderen Planeten".

Um es mit der ehemaligen Fernsehserie „Ein unmöglicher Auftrag" auszudrücken: Mr. Phelps, sollten Sie den Auftrag erhalten, die Überzeugungen der Menschen zu ändern, dann lehnen Sie ihn ab.

5. Das Gedächtnis verliert leicht den Fokus

In längst vergangenen Tagen wurden die meisten großen Marken von den Verbrauchern deutlich wahrgenommen. In ihrem Gedächtnis hatten sie ein sehr klares Bild davon, wofür ihre Lieblingsmarken standen. Als die Brauerei Anheuser-Busch stolz verkündete: „Dieses Bud ist für Sie", wussten die Kunden sofort, was gemeint war. Desgleichen galt für Miller High Life oder das schlichte alte Coors-Bier.

Während der letzten zehn Jahre aber überflutete Budweiser den Markt mit einer Vielzahl von Normal-, Light-, Fass- und Klarbieren, mit kaltgebrautem, trockengebrautem und eisgebrautem Bier. Daher kann die Behauptung „Dieses Bud ist für Sie" bestenfalls die Frage provozieren: „Und welches meinen Sie?"

Strategie und die Wahrnehmung im Gedächtnis

Das Gedächtnis neigt dazu, Dinge, die einander ähnlich sind, verschwimmen zu lassen, und heute ist das der meisten Verbraucher so verschwommen, dass es niemanden wundert, wenn der „König der Biere" seine Anhänger verliert.

Die Markenausweitungsfalle

Eine unscharfe Erinnerung und Verwirrung sind natürliche Folgen der *Markenausweitung*. Kein Thema ist im Marketing daher so umstritten. In unseren 1972 erschienen Artikeln im Magazin *Advertising Age* warnten Al Ries und ich die Unternehmen davor, in die „Markenausweitungsfalle" – wie wir sie nannten – zu tappen. In unserem Buch *Positioning: Die neue Werbestrategie* befassen sich zwei Kapitel mit dem Problem der Markenausweitung. Und in *Die 22 unumstößlichen Gebote im Marketing* wurde sie zum meistverletzten Gesetz gekürt.

Nicht dass sich irgendjemand von unseren Warnungen bremsen ließ. Genau genommen ist sogar das Gegenteil eingetreten. „Ausweitung des Markenwerts" ist zu *dem* Schlagwort schlechthin geworden, und Konzerne wie Coca-Cola sprechen sogar von Konzepten wie „Megamarken". Über Jahre waren wir die einsamen Rufer in der Wüste, wie das *Journal of Consumer Marketing* einst so treffend bemerkte: „Ries und Trout stehen mit ihrer offenen Kritik an der Markenausweitung allein auf weiter Flur." (Und wir haben unsere Meinung nicht geändert.)

Erhört wurden wir erst, als das Magazin *Harvard Business Review* (November-Dezember 1994) sein Urteil fällte: „Unüberlegte Markenausweitungen können das Markenimage schwächen, Handelsbeziehungen beeinträchtigen und Kostensteigerung verschleiern."

Weiter so, Jungs!

Eine Frage der Perspektive

Der Unterschied in der Betrachtungsweise dieses Themas liegt in der unterschiedlichen Perspektive. Firmen betrachten ihre Marken vom

Strategie und die Wahrnehmung im Gedächtnis

wirtschaftlichen Standpunkt aus. Um Kosteneffizienz und Marktakzeptanz zu erreichen, sind sie bereit, eine glasklar fokussierte Marke, die für ein bestimmtes Produkt oder eine bestimmte Idee steht, in eine unfokussierte Marke zu verwandeln, die zwei oder drei oder mehr Produkttypen oder Ideen repräsentiert.

Ich betrachte Markenausweitung aus der Sicht des Gedächtnisses. Je mehr Varianten unter einer Marke angesiedelt werden, umso mehr verliert das Gedächtnis den Fokus. So geschieht es, dass Marken wie Chevrolet am Ende jegliche Bedeutung verlieren.

Scott, die führende Marke für Toilettenpapier, dehnte seine Marke auf Scotties, Scottkins und ScotTowels aus. Schon bald fiel der Name „Scott" bei den Einkaufslistentests durch. (Sich „Scott" zu notieren, machte einfach keinen Sinn mehr.)

Achtung: Ein klar fokussierter Spezialist

Im Land von Scott hätte alles bestens sein können, wären nicht plötzlich Gestalten wie Mr. Whipple und sein auswindbares Charmin-Papier auf der Szene erschienen. (Je mehr Sie den Fokus verlieren, umso verwundbarer werden Sie.) Es dauerte nicht lange, da wurde Charmin zur Nummer 1 bei Toilettenpapier.

Die Wirtschaftsgeschichte scheint unsere Bedenken zu bestätigen.

Über Jahre hinweg war Crisco von Procter & Gambles die führende Backfettmarke. Dann setzten sich zunehmend pflanzliche Fette durch, und Procter & Gamble brachte Crisco Oil auf den Markt. Wer war der große Gewinner des Maiskeimölgedrängels? Richtig, Mazola. Kurz darauf bemerkte Mazola, wie erfolgreich sich cholesterinfreie Pflanzenmargarine verkaufte. Also führte es Mazola-Maiskeimöl-Margarine ein. Und wer war der Sieger in der Maiskeimöl-Margarine-Kategorie? Genau, er hieß Fleischmann's.

In beiden Fällen trug der fokussierte Spezialist den Sieg davon.

Strategie und die Wahrnehmung im Gedächtnis

Die Waffen des Spezialisten

Woran liegt es, dass Spezialistenmarken scheinbar so viel mehr Eindruck auf Verbraucher machen? An dieser Stelle seien nur einige Gedanken dazu geäußert (im 5. Kapitel wird näher darauf eingegangen).

Zunächst einmal konzentriert sich der Spezialist auf ein Produkt, einen Nutzen und eine Botschaft. Diese klare Ausrichtung ermöglicht es den Marketingexperten, eine eindeutige Botschaft zu vermitteln, die rasch im Gedächtnis verankert werden kann. Sehen wir uns einige Beispiele an:

- Domino's Pizza konzentriert sich auf den Lieferservice. Pizza Hut muss beides bewerben, sowohl die Schnellrestaurants als auch den Lieferservice.
- Duracell kann sich auf langlebige Alkaline-Batterien konzentrieren. Eveready muss Taschenlampen-, Hochleistungs-, Lade- und Alkaline-Batterien bewerben. (Schließlich lernte Eveready dazu und verlegte sich ganz auf den Energizer, was gewiss ein kluger Schritt war.)
- Castrol kann sich auf seine Spezialöle für kleine Hochleistungsmotoren konzentrieren. Pennzoil und Quaker State bieten Öl für alle möglichen Maschinentypen.

Als weitere Waffe verfügen die Spezialisten über die Fähigkeit, als Experten oder die Besten auf einem Gebiet wahrgenommen zu werden. Intel ist die herausragendste Marke für Microchips. Philadelphia ist die beste Rahmkäsemarke. (Das Original sozusagen.)

Und dann gibt es noch die Spezialisten, die es schaffen, ihre Marke zum generischen Begriff für eine ganze Produktkategorie zu machen:

- *Kleenex* wurde zum generischen Begriff für Kosmetiktücher. („Gib mir bitte mal ein Kleenex.")
- *Tempo* wurde zum generischen Begriff für Papiertaschentücher. („Ich brauche ein Tempo.")
- *Tesa* wurde zum generischen Begriff für transparentes Klebeband. („Das klebe ich mit Tesa.")

Wenngleich Anwälte es nicht leiden können, so ist die Etablierung der eigenen Marke als generischer Begriff die ultimative Waffe im Marketingkrieg. Aber diese Waffe können nur Spezialisten einsetzen. Generalisten können nicht zum generischen Begriff werden.

Niemand hat je gesagt: „Ist noch ein Bier im Bosch?"

FAZIT

Die Wahrnehmung ist die Realität.
Lassen Sie sich nicht von Fakten verwirren.

3. Kapitel
Strategie heißt Differenzierung

Wie bereits im zweiten Kapitel ausgeführt, basiert eine erfolgreiche Strategie auf dem Gebiet der Positionierung darin, sich vom Heer der Wettbewerber zu differenzieren. Warum sollte jemand Ihre Marke anstatt einer anderen kaufen?

Über die Bedeutung der „Differenzierung" haben einige Autoren geschrieben, doch nur wenige, wenn überhaupt, haben die vielen Möglichkeiten der Differenzierung aufgezeigt. Aus diesem Grunde habe ich das Buch *Differenzieren oder verlieren* mit einem langjährigen Partner geschrieben. Doch ehe wir uns geeigneten Möglichkeiten zur Differenzierung zuwenden, widmen wir uns zunächst den ungeeigneten. Mit anderen Worten: Qualität und Kundenzufriedenheit sind selten geeignete Differenzierungsmerkmale.

Der Qualitätskrieg

In den 90er Jahren des letzten Jahrhunderts wurden wir Zeugen eines echten Qualitätskriegs. Manager forderten Instrumente und Techniken, mit denen Qualität gemessen werden konnte. Eine ganze Armee von Gurus und Theoretikern zog mit Büchern und endlosen Modewörtern ins Feld, die sich alle dem Thema widmeten, wie der schwer fassbare Begriff Qualität zu definieren, vorherzusagen und zu sichern sei.

Und so entstand ein unüberschaubarer Wirrwarr an Patentrezepten und Akronymen: die „sieben neuen Instrumente", die „sieben alten Instrumente", TQM, SPC, QFD, CQL und so ziemlich jede Kombination aus drei Buchstaben, die das Alphabet hergibt.

Allein 1993 erschienen 422 Bücher, die das Wort *Qualität* im Titel führten. Heute sind es nur noch halb so viele. (Wir müssen den Krieg wohl gewonnen haben.)

Mittlerweile belegt eine Studie nach der anderen, dass die Verbraucher um sich herum jede Menge Qualitätsverbesserungen wahrnehmen. Kleingeräte halten länger. Zu den Computern gibt es Handbücher, die in verständlicher Sprache geschrieben sind.

Der Redaktionschef des Umfrageinstituts Roper Starch Worldwide erklärt es folgendermaßen:

> *Heute müssen alle Marken mehr leisten, um sich zu behaupten. Sie müssen sich ständig selbst übertreffen, um den Verbraucherwünschen gerecht zu werden. Der Kunde ist nach wie vor König, und es deutet nichts darauf hin, dass sich daran in absehbarer Zeit etwas ändern wird. Und mit wachsender Wirtschaft werden sie sogar noch anspruchsvoller.*

Das klingt, als sei Qualität lediglich die Eintrittskarte zum Spiel.

Der Kampf um Kundenzufriedenheit

Wenn um die Qualität ein Krieg entbrannt ist, dann ist der Kampf um die Kundenzufriedenheit die größte aller Schlachten (Armageddon). Eine richtungsweisende Studie, die in der *Harvard Business Review* veröffentlicht wurde, stellte die These auf, der Gewinn ließe sich um mindestens 25 Prozent steigern, wenn es gelänge, die Kundenabwanderung um fünf Prozent zu senken. Halleluja. Man konnte in den Vorstandsetagen die Alarmglocken schrillen hören. Seminare, Bücher und Berater priesen 1001 Methoden, mit denen Menschen, die wir als „Kunden" kennen, in Staunen versetzt, umworben, zu Verbündeten und loyalen Käufern gemacht werden sollten. Es hieß, der Kunde sei ein Kollege, er sei CEO, ein König, ein Schmetterling. (Sagen Sie nichts.)

Kundenreklamationen sollten als Geschenk aufgefasst werden. Besserer Kundendienst sollte die lebenslange Treue eines Kunden garantieren. Unternehmen bräuchten lediglich zu lernen, die Kundenbeziehungen besser zu managen, und schon sei das Problem gelöst. Ein Wunder, dass nicht aus allen Unternehmen karitative Organisationen wurden.

Zur Jahrhundertwende hielt *Marketing Management* (1999) fest: „Praktisch jedes Unternehmen arbeitet heute mit dem Anspruch, die Verbraucher zufrieden zu stellen. ‚Wir tun alles, was der Kunde verlangt', scheint die Devise zu lauten." Irgendwann trat dann zwangsläufig der Punkt ein, an dem Kundenzufriedenheit selbstverständlich wurde und damit als Differenzierungsmethode ausschied.

So, und da das nun geklärt wäre, können wir uns den geeigneten Differenzierungsstrategien zuwenden.

Differenzierung via „Der Erste"

Wer mit einer neuen Idee oder einem neuen Produkt das Gedächtnis der Kunden erobern kann, erreicht dadurch einen enormen Wettbewerbsvorteil, weil sich – wie im 2. Kapitel bereits ausgeführt – das menschliche Gedächtnis Veränderungen hasst.

Psychologen sprechen vom Phänomen des „Bleiben wir beim Gewohnten". In vielen Experimenten konnten die magischen Anziehungskräfte des Status quo nachgewiesen werden. Menschen, die Entscheidungen treffen müssen, weisen eine starke Neigung zu Lösungen auf, die den Status quo erhalten. Kurz gesagt: Menschen bleiben gern bei dem, was sie haben. Wenn Sie zum Beispiel jemandem begegnen, der ein wenig sympathischer als Ihr Mann oder Ihre Frau ist, lohnt sich deswegen ein Partnerwechsel noch lange nicht, da dieser mit Anwaltskosten, Sorgerechtsverhandlungen und einer mühsamen Aufteilung des gemeinsamen Hausstands verbunden wäre.

Wenn Sie jedoch als Erster da sind und Ihre Mitbewerber auch noch versuchen, Ihre Idee zu kopieren, dann tun sie eigentlich nichts anderes, als diese aufzuwerten. Es ist weitaus leichter, sich als Erster mit irgendetwas durchzusetzen, als als Verfolger zu versuchen, potenzielle Käufer davon zu überzeugen, dass die Kopie besser ist als das Original.

Erste, die immer noch Erste sind

Harvard war das erste College in Amerika und gilt bis heute als führend. Das *Time Magazine* rangiert immer noch vor *Newsweek*, *People* vor *US*, *Playboy* vor *Penthouse*. Chrysler führte den Minivan ein und ist in diesem Segment nach wie vor führend. Hewlett-Packard ist Marktführer bei Laserdruckern, Sun bei Workstations, Xerox bei Kopierern. Das ist nur ein kleiner Auszug aus der Liste.

Im Gedächtnis der Kunden unterscheiden sich die Unternehmen von ihren Nachahmern allein durch die Tatsache, dass sie Pioniere waren. Sie genießen einen Sonderstatus, weil sie als Erste den Gipfel erklommen haben. Das ist auch der Grund, weshalb Evian, das französische Mineralwasser, 20 Millionen Dollar dafür ausgibt, die Verbraucher daran zu erinnern, dass sie *l'originale* sind.

Differenzierung über ein Attribut

Im Marketing wird immer wieder gern von „Eigenschaften" gesprochen, ohne dass richtig klar ist, was damit gemeint ist. Also sollten wir uns zunächst auf eine Definition verständigen.

Zunächst einmal ist eine Eigenschaft ein Charakteristikum, eine Besonderheit oder ein hervorstechendes Merkmal einer Person oder einer Sache. Darüber hinaus weisen Menschen oder Dinge Mischungen unterschiedlicher Eigenschaften auf. Jede Person unterscheidet sich von anderen in puncto Geschlecht, Größe, Intelligenz, Fähigkeiten und Attraktivität. Jedes Produkt unterscheidet sich, je nach Kategorie, durch bestimmte Eigenschaften von anderen. Jede Zahnpasta zum Beispiel unterscheidet sich von anderen im Bezug auf Kariesschutz, Zahnsteinprophylaxe, Geschmack, Weißkraft und Atemfrische.

Ein Attribut besetzen

Was eine Person oder ein Produkt einzigartig macht, ist, für eine bestimmte Eigenschaft bekannt zu sein. Marilyn Monroe war berühmt für ihren Sex-Appeal. Crest-Zahnpasta ist bekannt für ihren Kariesschutz. Marilyn war möglicherweise außergewöhnlich intelligent, doch das war unwichtig. Was sie zu einer besonderen Frau machte, war ihre verführerische Erscheinung. Dasselbe gilt – im übertragenen Sinne – für Crest: Diese Zahnpasta konzentriert sich vor allem auf Kariesprophylaxe. Da ist es unerheblich, wie sie schmeckt.

Ein bestimmtes Attribut zu besetzen ist wahrscheinlich die wichtigste Möglichkeit, ein Produkt oder einen Service zu differenzieren. Allerdings ist Vorsicht geboten, denn man kann kein Attribut und keine Position besetzen, die von einem anderen Wettbewerber bereits besetzt sind. Dann muss man sich ein anderes Attribut suchen.

Viel zu oft versuchen Unternehmen, dem Marktführer nachzuahmen. „Der muss ja wissen, wie es geht, also machen wir es genauso", scheint eine weit verbreitete Denkweise zu sein. Keine gute Idee.

Viel besser wäre es, eine entgegengesetztes Attribut zu suchen, mit der man das eigene Produkt gegenüber dem des Marktführers positionieren kann: Das Schlüsselwort ist hier *entgegengesetzt* – gleich reicht nicht.

Coca-Cola war das Original und damit das Produkt erster Wahl bei älteren Konsumenten. Pepsi hat sich erfolgreich als bevorzugte Marke der jüngeren Generation positioniert.

Die Welt des Bourbon wird von zwei Js beherrscht: Jim Beam und Jack Daniel's. Also machte sich Maker's Mark auf, eine Eigenschaft zu besetzen, die seine Position als kleinerer Hersteller attraktiver aussehen ließ: „Wir destillieren unseren Bourbon von Hand – für einen samtigen Geschmack."

Da Crest den Kariesschutz für sich gebucht hatte, mieden andere Zahnpastahersteller Kariesprophylaxe und verlegten sich auf andere Eigenschaften wie guter Geschmack, weißere Zähne, Schutz vor Mundgeruch und, in jüngster Zeit, die Anreicherung mit Backpulver.

Wer kein Marktführer ist, muss sorgfältig bei der Wortwahl sein. Vor allem aber muss er wissen, welche Worte in seiner Kategorie noch „frei" sind, und diese besetzen. Dann kann kein anderer Wettbewerber diese für sich beanspruchen.

Differenzierung via „Leadership"

Leadership ist die mächtigste Möglichkeit, eine Marke zu differenzieren. Der Grund dafür ist, dass es die direkteste Art ist, die Beweisführung für eine Marke anzutreten. Und die Beweisführung ist die Absicherung, um die Entwicklung ihrer Marke zu garantieren. Hinzu kommt, dass bestehende und potenzielle Kunden dem Marktführer so ziemlich alles glauben, was er über seine Marke behauptet (eben weil er Marktführer ist). Menschen setzen aber Größe mit Erfolg, Status und Leadership gleich. Wir respektieren und bewundern die Größten.

Eine ganze Kategorie besetzen

Mächtige Marktführer können für sich beanspruchen, „Besitzer" eines Begriffs zu sein, der für eine ganze Kategorie steht. Wer daran zweifelt, braucht nur einen kleinen Wortassoziationstest zu machen. Auf die Begriffe *Computer, Kopierer, Kakao* und *Cola* wird man überdurchschnittlich häufig *IBM, Xerox, Nestlé* und *Coca-Cola* hören.

Ein schlauer Marktführer wird sogar noch einen Schritt weitergehen, um seine Position zu festigen. Heinz etwa besitzt bereits das Wort *Ketchup*, und trotzdem wagte es sich noch ein Stück weiter vor, indem es auch noch das wichtigste Ketchup-Merkmal besetzte. „Das langsamste Ketchup des Westens" lautete der Slogan, mit dem es die Eigenschaft der Dickflüssigkeit für sich beanspruchte und so seinen fünfzigprozentigen Marktanteil halten kann.

Kommunizieren Sie die Nummer 1

Obwohl so vieles dafür spricht, dass man seine Position als Marktführer betont und untermauert, begegnen wir immer wieder Unternehmen, die nicht darüber sprechen möchten, dass sie die Nummer eins sind. Befragt, warum sie nicht für sich beanspruchen, was ihnen zusteht, geben sie Antworten wie: „Wir wollen nicht überheblich wirken." Nun, ein Marktführer, der so bescheiden auftritt, ist das Beste, was der Konkurrenz passieren kann. Wer als Erster auf dem Gipfel ankommt, sollte besser eine Fahne aufstellen und ein paar Fotos machen.

Außerdem gibt es ja durchaus auch sympathische Formen, wie man auf seine marktführende Position aufmerksam machen kann. Einer meiner Lieblingsslogans für einen Marktführer ist: „Fidelity Investments – 12 Millionen Investoren vertrauen uns."

Wenn Sie Ihre Position nicht kommunizieren, müssen Sie damit leben, dass jemand anders kommt und für sich beansprucht, was eigentlich Ihnen zusteht. Viele Unternehmen verstehen einfach nicht, dass ihre marktführende Position eine ideale Plattform bietet, um ihre Erfolgsstory zu erzählen. Wie gesagt, die Menschen glauben Ihnen alles, wenn sie Sie erst einmal als Marktführer wahrnehmen.

Verschiedene Formen der Marktführung

Es gibt die unterschiedlichsten Ausprägungen von Marktführerschaft, von der jede einzelne eine effektive Methode zur Differenzierung sein kann:

- *Marktführerschaft über Marktanteile.* Eine besonders häufig angewandte Strategie ist der Verweis auf hohe Absatzzahlen. Der

Toyota Camry ist das meistverkaufte Auto in Amerika. Allerdings behaupten auch andere Hersteller, sie wären diejenigen mit den höchsten Verkaufszahlen, indem sie eine andere Berechnungsmethode zugrunde legen. Chryslers Dodge Caravan ist der Topseller unter den Minivans. Der Ford Explorer ist Spitze unter den SUVs. Dieser Werbeansatz funktioniert immer, weil die Menschen am liebsten kaufen, was alle anderen auch kaufen.

- *Technologieführerschaft.* Unternehmen, die auf eine lange Tradition bahnbrechender technologischer Entwicklungen zurückblicken können, sollten ihre Marktführung in diesem Bereich nutzen. In Österreich ist der Zellulosefaserhersteller Lenzing zwar nicht führend im Verkauf, dafür aber „Weltmarktführer in der Zellulosefasertechnologie". Lenzing hat bahnbrechende Technologien in der Zellulosefaserherstellung entwickelt.
- *Performance Leadership.* Es gibt Firmen, deren Produkte sich zwar nicht in rauen Mengen verkaufen, die dafür aber sehr leistungsstark sind. Auch dieses Merkmal sollte man nutzen, um sich vom Wettbewerb zu differenzieren. Silicon Graphics ist ein solches Unternehmen. Es stellt die „visual workstations" her, mit denen in Hollywood Spezialeffekte erzeugt werden, sowie leistungsstarke Breitbandserver, die Grafiken und Daten besser verarbeiten als die meisten anderen. Folglich wirbt es mit „weltweit führend im High-Performance-Computing". Diese Taktik funktioniert, weil zahlungskräftige Unternehmen häufig das beste Produkt wollen, das am Markt verfügbar ist, selbst wenn sie es nicht brauchen.

Differenzierung via Tradition

Im 2. Kapitel wurde bereits erwähnt, dass das Gedächtnis unsicher ist. Deshalb ist jede Strategie gut, die hilft, Unsicherheit zu überwinden.

Tradition hat die Kraft, ein Produkt klar zu differenzieren. Das kann wirkungsvoll sein, da die Eigenschaft einer langen Tradition eine natürliche psychologische Bedeutung zu haben scheint, die Menschen Entscheidungssicherheit gibt.

Als wir die Gründe dafür untersuchten, gingen wir davon aus, dass Menschen glauben, wer sich so lange im Markt behaupten kann, versteht sein Geschäft. Menschen glauben, dass das Unternehmen etwas richtig gemacht hat.

Doch im Gegensatz zu Ländern wie China oder Japan, in denen den Älteren mit größtem Respekt begegnet wird, ist in unserer Kultur eher eine Abneigung gegen alles Alte zu beobachten. Alt und weise wird gleichgesetzt mit altmodisch und überholt.

Die Psychologie der Tradition

Wir fragten die Verbraucherpsychologin Dr. Carol Moog, warum Tradition trotzdem wichtig ist, und erhielten folgende Antwort:

Die psychologische Bedeutung von Tradition hat vermutlich etwas mit der Macht zu tun, die damit verbunden ist, ein Glied in einer geschlossenen Kette zu sein, die einem ein Existenzrecht verleiht und mit einer Geschichte verbindet, die man aus einer lebendigen Vergangenheit über den Tod hinaus in eine nächste Generation hinein trägt. Diese Verbindung ist eine Verbindung mit der Unsterblichkeit. Ohne ein Gefühl für Tradition, für die eigenen Vorfahren fühlen sich Menschen leicht isoliert, verlassen, emotional abgeschnitten und entwurzelt. Ohne eine Verbindung zur Vergangenheit ist es schwer, an eine Verbindung zur Zukunft zu glauben.

Das klingt recht schwer verdaulich, aber man kann Tradition als Differenzierungsmethode auch so sehen: Ein Unternehmen, das schon lange existiert, gibt den Menschen das Gefühl, sie hätten es mit einem führenden Unternehmen zu tun – vielleicht nicht mit dem Marktführer, aber auf jeden Fall mit dem Unternehmen, das sich schon am längsten

Strategie heißt Differenzierung

erfolgreich behauptet. Vor diesem Hintergrund verwundert es nicht, wenn Marketingexperten die Tradition und Kultur ihres Unternehmens nutzen, um sich vom Mitbewerb zu differenzieren.

Tradition weiterentwickeln

Tradition allein reicht nicht aus, so ein Wirtschaftsjournalist der Associated Press. „Unternehmen jedweder Couleur haben in den jüngsten Jahren neue Marketingtaktiken entwickelt, bei denen das vertrauensfördernde Moment der Traditionspflege mit Progressivität kombiniert wird, ohne die dauerhafter Erfolg unmöglich ist."

Die Wells Fargo Bank, deren Geschichte bis in die Zeiten des Pony Express und der Postkutschen zurückreicht, bleibt bei der Originalidee und verleiht ihr neue Relevanz, indem sie mit dem Slogan „Damals schnell – heute schnell" wirbt. Der Unterschied zwischen damals und heute besteht eben darin, dass die heutigen Postkutschen in Lichtgeschwindigkeit durch moderne Computernetzwerke jagen.

Der Einzelhändler für Outdoor-Kleidung L. L. Bean peppt seinen Katalog auf, eröffnet einen Online-Shop und führt Damenoberbekleidung ein, während das New-England-Image sorgsam weitergepflegt wird. Wie ein Firmensprecher sagt: „Man nimmt den klassischen Look und passt ihn an einen zeitgemäßen Stil an."

Der anhaltende Erfolg von Tabasco auf dem Markt der Pfeffersaucen ist ein Beispiel dafür, wie die ideale Balance zwischen Tradition und Fortschritt aussieht. Die Werbung von Tabasco setzt auf traditionelle Themen wie die Sumpflandschaften Louisianas und Pfeffermus, das in alten Eichenfässern gärt, während sich das Unternehmen selbst eindeutig zeitgemäß und trendy gibt, indem es Tabasco-Krawatten anbietet, Cajun-Kochwettbewerbe veranstaltet und neue, mit Tabasco gewürzte Drinks vorstellt, die ursprünglich aus den ländlichen Austernbars Louisianas stammten. Ein sehr beliebter Drink ist „Prairie Fire", bei dem Tequila mit einem Spritzer Tabasco gemixt wird. „Im Marketing muss man alle möglichen Balanceakte beherrschen", sagt Firmenchef Paul McIlhenny.

Wie Recht er hat. Ihm gelingt ganz eindeutig die Balance zwischen Tradition und Modernität.

Familientradition

In einer Welt, in der die Großen immer größer werden, kann man sich sehr wirksam von der Masse absetzen, indem man sein Unternehmen bewusst als Familienunternehmen führt. Das mag steuertechnisch nicht unbedingt ideal sein und kann einige Probleme mit den nachfolgenden Generationen geben, aber eine Familientradition kann ein ausgesprochen wirkungsvolles Konzept sein – vorausgesetzt, es gelingt, die Familie zusammenzuhalten.

Die Menschen sind Familienbetrieben scheinbar grundsätzlich wohlgesonnen, weil sie ihnen nicht so kalt und unpersönlich vorkommen wie Aktiengesellschaften, das einem Haufen gieriger Aktionäre gehört. Natürlich können Familienmitglieder genauso gierig sein, doch davon erfährt die Öffentlichkeit meist nichts.

Familienunternehmen unterstellt man außerdem, sie kümmern sich mehr um das Produkt als um den Aktienkurs. Engagement für die Standortgemeinde rechnet man ihnen besonders hoch an, da die Firmeneigner meist selber in der Stadt geboren sind, in der sie ihre Firma gegründet haben. Darüber hinaus stellten wir fest, dass die Mitarbeiter solcher Unternehmen oft wie Familienmitglieder behandelt werden. Entsprechend entsteht das Gefühl, man sei zusammen aufgewachsen.

Differenzierung via Produktionsverfahren

Unternehmen arbeiten im Allgemeinen sehr hart an der Entwicklung neuer Produkte. Heerscharen von Ingenieuren, Designern und Produktionsexperten verbringen endlose Stunden damit, ein Produkt herzustellen und zu testen, das sie für einzigartig und allen anderen überlegen halten. Ihre Anstrengungen werden von den Marketingexperten, die sich in erster Linie für ihre eigene Arbeit mit Werbung, Packungsgrößen und Promotion begeistern, häufig als selbstverständlich vorausgesetzt.

Wir halten eine Menge davon, ein Produkt gründlich unter die Lupe zu nehmen und herauszufinden, ob es markttauglich ist. Und bei den meisten Produkten, die wir uns vornahmen, entdeckten wir hervorragende Differenzierungsmerkmale, die gänzlich ignoriert worden waren.

Die magische Zutat

Viele Produkte enthalten irgendeine Technologie oder ein bestimmtes Design, das sie funktionsfähig macht. Oft ist diese Technologie patentiert, und dennoch verwerfen Marketingexperten, solche Elemente als zu komplex oder zu verwirrend. Sie führen lieber Umfragen durch und konzentrieren sich auf die Nutzen oder die Lifestyle-Erfahrungen des Produktes. Fragt man sie nach dem Grund dafür, bekommt man für gewöhnlich zu hören: „Die Menschen interessieren sich nicht dafür, wie Produkte hergestellt wurden. Sie wollen wissen, ob sie ihnen nützen."

Das Problem bei dieser Einstellung ist, dass in vielen Produktkategorien eine ganze Anzahl von Produkte denselben funktionalen Nutzen für den Verbraucher aufweist. Alle Zahncremes schützen vor Karies. Alle neuen Autos fahren sich angenehm. Alle Waschmittel reinigen Kleidung. Und trotzdem können sich diese Produkte voneinander unterscheiden, nämlich durch die Art, wie sie hergestellt werden.

Das ist der Grund, weshalb wir uns gern näher mit dem Produkt befassen und nach der einzigartigen Zutat suchen. Haben wir sie gefunden, geben wir ihr einen Namen, und können wir sie auch noch als „magische Zutat" verkaufen: umso besser.

Als Procter & Gamble die Crest-Zahnpasta mit Fluor für besseren Kariesschutz einführte, ließ die Werbekampagne jedermann wissen, dass die Zahnpasta „Fluoristan" enthielt. Hat irgendjemand verstanden, was das war? Nein. War das wichtig? Nein. Es klang aber beeindruckend.

Als Sony den Fernsehermarkt eroberte, veranstaltete es ein Heidenspektakel um die „Trinitron"-Bildröhre. Wusste irgendwer, was das sein sollte? Nein. War das wichtig? Nein. Es klang aber beeindruckend.

General Motors hat schätzungsweise über 100 Millionen Dollar für die Bewerbung des Northstar-Systems in seinen Cadillacs ausgegeben. Weiß irgendwer, was das ist? Nein. Ist das wichtig? Nein. Es klingt aber beeindruckend.

Magische Zutaten müssen nicht erklärt werden, weil sie eben magisch sind.

Die richtige Produktionsmethode

Meist gibt es eine richtige und eine falsche Produktionsmethode. Die falsche (oder weniger wünschenswerte) ist oft die kostengünstigere. Unternehmensberater sprechen hier gern von „Optimierung der Produktionsprozesse" (auf gut Deutsch: Kostenreduzierung). Die richtige Herstellungsart wäre die kostspieligere, da sie ein besseres Produkt hervorbringt.

Es gibt Zeiten, in denen eine ganze Branche in die falsche Richtung geht. Das sind die Momente, in denen man sich von seinen Mitbewerbern unterscheiden kann, indem man eben die richtige Herstellungsart wählt. Bei Stanislaus Food Products war das der Fall. Das Unternehmen ist zum führenden Hersteller von Tomatensaucen für viele italienische Restaurants in Amerika geworden. Und das mit höheren Preisen. Die Strategie bestand darin, nicht dem Branchentrend zu folgen und sich auf Saucenkonzentrate zu verlegen (die billiger herzustellen und zu transportieren sind).

Firmenbesitzer Dino Cortopassi fand, dass die Methode des frischen Abfüllens, in dem die Sauce keinen Konzentrationsprozess durchläuft, dem Produkt besser täte. Es würde zwar mehr kosten, aber dafür auch besser schmecken. So hat er sich von seinen Mitbewerbern differenziert, und sehr zum Verdruss seiner Konkurrenten geben ihm die meisten echten Italiener in Amerika Recht.

Zubereitung nach altbewährter Methode

Eine ähnliche Geschichte ist die von Aron Streit Inc., der letzten unabhängigen Matze-Bäckerei. (Für alle, die nicht wissen, was das ist: *Matzo* ist das sauerteigfreie, ungewürzte, ungesalzene und reinste Brot, das die Juden auf ihrer Flucht aus Ägypten am Leben erhielt.)

Obwohl das Unternehmen nur einen kleinen Anteil an einem Markt hält, der von B. Manischewitz dominiert wird, wurde den Streit's-Matze-Bäckern klar, dass *Tradition* das Einzige ist, was eine Matze von anderen unterscheidet. So ist die Bäckerei zwar bei vielen ihrer sonstigen Produkte dem herrschenden Outsourcing-Trend gefolgt, doch ihre Matze backt sie nach wie vor in der Rivington Street im südlichen Manhattan – wo sie sie seit 1914 herstellt. Geht man auf die Website, Streitsmatzos.com, erkennt man, dass die Firma sehr wohl weiß, worum es bei Differenzierung geht. Sie formuliert es wie folgt: „Warum ist Streit's Matze anders als andere Matze-Marken? Weil wir bei Streit's unsere Matze in unseren eigenen Öfen backen."

Sie bereiten ihr Brot immer noch auf die überlieferte Art und Weise zu.

Differenzierung via Bevorzugung

Wenn man „in" ist, sollte es die Welt auch erfahren. Wie bereits im zweiten Kapitel ausgeführt, verhalten sich die Menschen wie Schafe. Darum wollen sie wissen, was gerade gefragt ist und was nicht. Und das ist auch der Grund, weshalb Mundpropaganda ein so wichtiger Faktor im Marketing ist. Sie besteht in erster Linie darin, dass eine Person einer anderen sagt, was gerade gefragt ist. Das ist wichtig, denn Amerika liebt zwar seine Underdogs, aber die Menschen setzen letztlich immer auf die Sieger.

Angst vor Angeberei

Bedauerlicherweise sind viele Unternehmen zu bescheiden, um der Welt laut zu verkünden, wie erfolgreich sie sind. Da heißt es dann, Prahlerei wäre unangenehm, aufdringlich und zeuge von schlechtem Stil. Doch in Wahrheit steckt dahinter die Angst, sie könnten den „in"-Status nicht dauerhaft halten. Und was dann? Wäre es nicht peinlich, plötzlich „out" zu sein?

Worauf ich hinauswill, ist, dass ein Unternehmen oder ein Produkt durchstarten zu lassen ein wenig Ähnlichkeit mit dem Abschuss eines Satelliten hat. Es braucht einen ziemlich kräftigen Schub, damit er bis ins All vordringt. Ist das erst einmal geschafft, gelten anschließend andere Regeln. „In" zu sein oder höhere Umsätze als die Konkurrenz zu erzielen, kann den nötigen Schub geben, um das Unternehmen in den Orbit zu katapultieren. Hat man es bis dahin gebracht, kann man immer noch über Wege und Mittel nachdenken, wie man sich in der Umlaufbahn hält.

Viele Wege „in" zu sein

Wer eine „in"-Strategie verwendet, kann selbst definieren, was ihn „in" macht. Manche wissen gar nicht, wie viele Möglichkeiten es gibt, eine solche Definition gut klingen zu lassen. Hier seien nur einige Beispiele genannt:

- *Umsatz.* Der häufigste Ansatz ist der Vergleich des eigenen Umsatzes mit dem der Mitbewerber. Dabei muss man gar nicht zwangsläufig über den Jahresumsatz sprechen. Sie können eine beliebige Periode wählen: sechs Monate, zwei Jahre, fünf Jahre. Sie suchen sich den Zeitraum aus, der Sie am Besten aussehen lässt. Schließlich dürfen Sie den Rahmen frei vorgeben. Sie müssen sich auch nicht unbedingt mit Ihren Mitbewerbern vergleichen. Sie können auch einfach Ihre eigenen Zahlen aus unterschiedlichen Zeiträumen gegenüberstellen.

- **Branchenwertung.** In den meisten Branchen finden jährliche Leistungsvergleiche statt. Manchmal werden sie von Fachzeitschriften wie *Restaurant News* oder Verbrauchermagazinen wie *U.S. News & World Report* durchgeführt, manchmal aber auch von Marktforschungsinstituten wie J. D. Powers. Wer in einer solchen Wertung gut abschneidet, sollte diese Informationen intensiv nutzen.
- **Branchenexperten.** In einigen Branchen gibt es Experten oder Kritiker, die immer wieder zu Wort kommen oder viel gelesen werden. Dies gilt besonders für die Hightech-Welt. Manchmal können Sie Zitate bekannter Experten verwenden, um den eigenen Erfolg zu definieren. Hollywood nutzt Kritiken, um das Filmgeschäft anzukurbeln, so wie Verleger sie nutzen, um Bücher zu verkaufen.

Die Presse kann dafür sorgen, dass Sie „in" sind

Sich selbst ins rechte Licht zu rücken ist zwar hilfreich, besser ist aber, wenn Sie jemand anderen dazu bringen. Hier kann sich ein aggressives PR-Programm durchaus bezahlt machen. Beurteilungen durch Dritte können großen Einfluss haben. Ob es sich bei diesen Dritten nun um den eigenen Nachbarn oder die Lokalzeitung handelt, die Menschen halten die Quelle für unvoreingenommen. Wenn sie also behauptet, Ihr Unternehmen sei „in", dann muss es einfach stimmen.

Über Public Relations zum Erfolg zu kommen, ist, als würde man einen Stein in einen Teich werfen. Zunächst kleine Wellenbewegungen werden größer und größer, bis sie schließlich die gesamte Teichoberfläche in Bewegung versetzen. Beginnen Sie bei Fachmagazinen, nehmen Sie sich dann die Handelszeitungen vor und schließlich die Wirtschaftspresse und Verbrauchermagazine.

Bevor Sie jedoch mit der Presse sprechen, sollten Sie ein Programm erarbeitet haben. Und die einzelnen Schritte sehen folgendermaßen aus:

Strategie heißt Differenzierung

- **Schritt 1:** *Die Botschaft muss im Unternehmenskontext Sinn machen.* Gute Argumente entstehen nicht im Vakuum. Es gibt immer Konkurrenten, die ihre eigenen Argumente haben. Die Botschaft muss also innerhalb des Branchenkontextes Sinn machen. Sie sollte mit dem beginnen, was der Markt vernommen und bei den Wettbewerbern registriert hat.
- **Schritt 2:** *Finden Sie die differenzierende Idee.* Anders zu sein heißt, nicht gleich zu sein. Einzigartigkeit setzt Alleinstellung voraus. Man braucht etwas, das einen von der Konkurrenz unterscheidet.

  Das Geheimnis bei der Suche nach diesem Etwas besteht darin, zu begreifen, dass dieses Merkmal nicht notwendigerweise produktbezogen sein muss. Es muss aber einen wichtigen Nutzen für Ihre Kunden bieten.
- **Schritt 3:** *Liefern Sie die glaubwürdige Beweisführung.* Um die eigene Andersartigkeit logisch zu untermauern, braucht man Beweise, die der Idee Glaubwürdigkeit verleihen.

  Setzt man auf Produktdifferenz, sollte man diese auch demonstrieren können. Eine solche Demonstration stärkt die Glaubwürdigkeit. Wenn man ein lecksicheres Ventil anbietet, sollte man imstande sein, den direkten Vergleich mit Ventilen anzustellen, die lecken können. Wer nur behauptet, anders zu sein, ohne es beweisen zu können, stellt eben lediglich eine Behauptung auf.
- **Schritt 4:** *Kommunizieren Sie den Unterschied.* So wenig wie man sein Licht unter den Scheffel stellen sollte, sollte man seine Differenzierung verbergen.

  Wenn man ein Produkt herstellt, das sich von allen anderen unterscheidet, kann man nicht darauf hoffen, die Welt würde es schon bemerken und einem den roten Teppich ausrollen. Bessere Produkte setzen sich nicht von allein durch.

  Die bessere Wahrnehmung siegt. Die Wahrheit tritt nicht von selbst an den Tag, man muss ihr aktiv zum Durchbruch verhelfen. Jeder

Aspekt der Kommunikation sollte die Differenzierung vom Mitbewerb kommunizieren:
- die Werbung
- die Broschüren
- die Website
- die Verkaufspräsentationen.

FAZIT

Wenn Sie kein differenzierende Idee haben, dann sollten Sie besser einen tiefen Preis haben.

4. Kapitel
Strategie heißt Konkurrenzkampf

Wie im 3. Kapitel zu lesen war, muss man bei der strategischen Planung stets die Mitbewerber im Auge haben. Wo liegen ihre Stärken? Wo ihre Schwächen? Diese Fragen müssen gestellt werden, weil das Geschäftsleben heute nichts mit Reengineering oder kontinuierlicher Verbesserung zu tun hat. Wirtschaft ist heute *Krieg*. Um bessere Menschen oder bessere Produkte geht es nicht.

Der Irrtum vom „besseren Mitarbeiter"

Die eigene Belegschaft kann man mit Leichtigkeit davon überzeugen, dass die besseren Mitarbeiter siegen werden, ganz gleich wie widrig die Umstände sein mögen. Die Mitarbeiter wollen das hören, und in einem Marketingkrieg ist Qualität gewiss ein genauso entscheidender Faktor wie Quantität.

Das ist so. Aber die Überlegenheit der Macht ist ein so überwältigender Vorteil, der die meisten Qualitätsunterschiede in den Schatten stellt. Zweifellos kann das schwächste Team der National Football League das erstplatzierte Team besiegen, wenn es mit zwölf Spielern gegen elf antritt. Im Geschäftsleben jedoch, wo die Teams weitaus größer sind, ist es sehr schwer, vergleichbare Qualitätsunterschiede zu erzielen.

Ein klar denkender Manager würde niemals die flotten Sprüche auf einer Verkaufstagung mit der Realität des Marketing verwechseln. Ein guter General würde sich bei seiner militärischen Strategie niemals auf besser ausgebildete Truppen verlassen. Und das sollte ein Wirtschaftsgeneral ebenso wenig. Man sollte seinen Mitarbeitern ruhig sagen, wie großartig sie sind, aber man darf nicht meinen, der Kampf um die Kunden sei mit den besseren Mitarbeitern zu gewinnen. Er wird mit einer überlegenen Strategie gewonnen.

Dennoch klammern sich viele Unternehmen an die Strategie der überlegenen Mitarbeiter. Sie bilden sich ein, die besseren Kandidaten rekrutieren und binden zu können, die sie dann mit den besseren Trainingsprogrammen stets auf einem überlegenen Wissensstand halten. Jeder Statistikstudent dürfte in schallendes Gelächter ausbrechen, wenn er davon hört. Natürlich kann man ein kleines Team von exzellenten Leuten zusammenstellen, doch je größer das Unternehmen ist, umso durchschnittlicher wird der durchschnittliche Mitarbeiter sein. Und was die richtig großen Konzerne angeht, so schrumpft die Wahrscheinlichkeit, aus der gesamten Belegschaft ein intellektuell überlegenes Team zu schmieden, statistisch gegen null.

Der Irrtum vom „besseren Produkt"

Ein weiterer Irrtum, der sich hartnäckig in den Köpfen der Manager hält, ist der Glaube, die Marketingschlacht mit einem besseren Produkt gewinnen zu können. Hinter dieser weit verbreiteten Annahme verbirgt sich der Glaube, die Wahrheit „werde sich schon durchsetzen". Mit anderen Worten: Man hat die „Fakten" auf seiner Seite und muss nur noch eine gute Werbeagentur finden und eine fähige Vertriebsmannschaft zusammenstellen, die für Umsatz sorgt.

Wir bezeichnen das als *inside-out-thinking*, das davon ausgeht, die Werbeagentur oder die Verkäufer könnten die Wahrheit, wie das Unternehmen sie kennt, irgendwie unter den Arm nehmen, damit in die Welt hinausziehen und sämtliche falschen Vorstellungen ausräumen, die in den Köpfen der potenziellen Kunden möglicherweise existieren.

Machen wir uns nichts vor. Falsche Vorstellungen lassen sich durch Werbe- oder Verkaufsaktivitäten nicht verändern.

Was ist die Wahrheit? In jedem Menschen befindet sich eine kleine Blackbox. Wenn ein Mensch Ihrer Werbe- oder Verkaufsbotschaft ausgesetzt wird, schaut er in diese Blackbox hinein und sagt: „Das ist richtig" oder: „Das ist falsch."

Die größte Verschwendung im Marketing ist, die Meinungen der Menschen verändern zu wollen. Haben sie sich erst einmal eine Meinung gebildet, ist sie so gut wie unumstößlich.

Was ist die Wahrheit? Wahrheit ist die Wahrnehmung der Menschen, auf deren Basis sie sich eine Meinung bilden. Es ist vielleicht nicht unsere Wahrheit, aber es ist die einzige, mit der wir arbeiten können. Wir müssen diese subjektive Wahrheit akzeptieren und mit ihr richtig umgehen.

Wenn Sie so schlau sind, warum sind Sie dann nicht reich?

Selbst wenn man seine potenziellen Kunden davon überzeugt hat, das eigene Produkt sei besser als das der Konkurrenz, werden sie dennoch Bedenken anmelden: „Wenn Ihr Computer so viel besser ist als der von IBM, wie kommt es dann, dass IBM Marktführer ist und nicht Sie?"

Und selbst wenn man einige wenige Blackboxes überzeugen konnte, dann werden die Besitzer dieser Blackboxes bald die mehrheitliche Meinung der Nichtüberzeugten hören und sich davon wieder umstimmen lassen.

Wenn Sie so schlau sind, warum sind Sie dann nicht reich? Das ist eine heikle Frage, die beantwortet werden will. Im Marketingkrieg kann man nicht gewinnen, nur weil man Recht hat.

Natürlich unterliegt manch einer der Illusion, das bessere Produkt würde sich langfristig durchsetzen. Aber die Geschichte, ob die des Militärs oder die des Marketing, wird von Siegern geschrieben, nicht von Verlierern. Wer die Macht hat, ist im Recht. Die Sieger haben immer die besseren Produkte, und sie sind jederzeit in der Lage, dies kundzutun.

Strategie heißt Konkurrenzkampf

Marketing als Kriegsführung

Al Ries und ich haben diesen Vergleich erstmals vor über 25 Jahren angestellt, in unserem Buch *Marketing Generalstabsmäßig*. Im Nachhinein ist festzustellen, dass dieses Buch im finsteren Mittelalter des Wettbewerbs geschrieben wurde. Vor zehn Jahren noch sprach kaum jemand von *Globalisierung*. Die technischen Möglichkeiten, über die wir heute verfügen, waren damals lediglich ein Glanz in den Augen der Ingenieure aus dem Silicon Valley. Globaler Handel beschränkte sich auf eine Handvoll multinationaler Konzerne.

Zu Beginn des neuen Jahrtausends waren 51 der 100 weltweit größten Wirtschaftsmächte keine Nationen mehr, sondern Unternehmen. Die 500 größten Unternehmen zeichneten für sage und schreibe 70 Prozent des Welthandelsaufkommens verantwortlich.

Der heutige Markt lässt jenen, über den wir damals schrieben, wie ein gemütliches Kaffeekränzchen aussehen. Mittlerweile eskaliert der Marketingkrieg und erobert noch den letzten Winkel des Erdballs. Jeder will jedem an jedem Ort der Welt die Kunden abjagen. Entsprechend sind die Erkenntnisse aus *Marketing Generalstabsmäßig* heute wichtiger denn je. Unternehmen müssen mit ihren Mitbewerbern richtig umgehen, indem sie ihre Stärken meiden und ihre Schwächen ausnutzen. Unternehmen müssen lernen, dass es nicht nur um Leben und Tod des eigenen Unternehmens geht, sondern darum, dass der Konkurrent geschlagen wird.

Ein Wechsel in der Philosophie

Die klassische Definition des *Marketing* macht uns glauben, Marketing habe etwas damit zu tun, die Wünsche und Bedürfnisse der Verbraucher zu erfüllen. *Marketing* ist „menschliche Aktivität, die darauf abzielt, durch Tauschprozesse Wünsche und Bedürfnisse zu bedienen", sagt Philip Kotler von der Northwestern University.

Marketing ist „die Ausführung aller Tätigkeiten, die die unternehmerischen Ziele erfüllen, indem sie die Wünsche von Kunden oder Klienten vorwegnehmen und für einen an diesen Wünschen ausgerichteten Waren- oder Dienstleistungsfluss vom Hersteller zu seinen Kunden oder Klienten sorgen", sagt E. Jerome McCarthy von der Michigan State University. Marketingexperten sind traditionell kundenorientiert. Wieder und wieder haben sie die Manager ermahnt, kunden- statt produktorientiert zu denken und zu handeln.

Seit dem Zweiten Weltkrieg regiert König Kunde in der Welt des Marketing. Aber langsam gewinnt man den Eindruck, der König sei tot und die Marketingexperten hätten dem Top-Management eine Leiche verkauft. Heute ist jedes Unternehmen kundenorientiert.

Zu wissen, was Kunden wollen, hilft nicht, wenn es Dutzende anderer Unternehmen gibt, die das auch sind und dieselben Kunden bedienen. Das Problem von General Motors sind nicht die Kunden. Das Problem von General Motors sind Ford, Chrysler und die Importmarken.

Seien Sie konkurrenzorientiert

Ein Unternehmen, das erfolgreich sein will, muss konkurrenzorientiert sein. Es muss nach den Schwächen seiner Mitbewerber suchen und an diesen Schwachpunkten angreifen. Nun wird manch einer einwenden, eine wohl durchdachte Marketingstrategie habe schon immer ein Kapitel den Wettbewerbern gewidmet. Hat sie auch. Nur beschränkte sich dieses Kapitel bislang auf einen Anhang mit der Überschrift „Wettbewerbsanalyse". Der weitaus größere Teil befasste sich stattdessen mit den Einzelheiten des Zielmarktes, seinen diversen Segmenten und unzähligen Verbraucherforschungsstatistiken, die sich endlos über Zielgruppen, Testumfragen und Konzept- wie Marketingtests ausließen.

Im Marketingplan der Zukunft jedoch müssen sich weit mehr Seiten den Mittbewerbern widmen. Diese Pläne müssen sorgfältigst jeden einzelnen Mitspieler am Markt analysieren. Sie müssen deren Schwächen und Stärken ausweisen und eine Strategie enthalten, wie die diese ausnutzen und wie sie sich gegen Stärken verteidigen können.

Strategie heißt Konkurrenzkampf

Vielleicht ist es eines Tages sogar so weit, dass in solchen Plänen ein Dossier über jeden Marketingverantwortlichen der einzelnen Mitbewerber angelegt ist, das genaue Auskunft über die Lieblingstaktiken und Vorgehensweisen gibt (nicht unähnlich denen über die Kommandanten der Alliierten, die die Deutschen im Zweiten Weltkrieg anlegten).

Und was heißt das für die Marketingexperten der Zukunft?

Das heißt, sie werden auf den Marketingkrieg vorbereitet sein müssen. Marketingkampagnen werden mehr und mehr wie militärische Kampagnen geplant sein. Entsprechend wird die strategische Planung einen neuen Stellenwert bekommen. Unternehmen werden nicht umhin kommen, Taktiken zu erlernen, mit denen sie die Konkurrenz *angreifen* und *flankieren*, ihre eigene Position *verteidigen* und einen *Guerillakrieg* führen können. Dazu brauchen sie vor allem ein sicheres Gespür für ihre Mitbewerber, um deren nächste Schritte einschätzen zu können.

Die richtige Wettbewerbsstrategie wird mithin über Erfolg und Misserfolg entscheiden. Zu ihrer Entwicklung braucht es eine detaillierte Kenntnis der vier Marketing-Kriegsformen. Sie bilden das „strategische Quadrat", das nachfolgend dargestellt ist. Aus diesem Quadrat wählen Sie die Kriegsform, die am besten zur eigenen Situation passt. Es handelt sich hierbei um ein sehr einfaches Überlebensstrategiemodell für Unternehmen im einundzwanzigsten Jahrhundert. Sehen wir uns die vier klassischen Formen einmal an und passen sie an die aktuellen Erfordernisse an:

Das strategische Quadrat	
Defensive Kriegsführung	Offensive Kriegsführung
Flankierende Kriegsführung	Guerillakrieg

Strategie heißt Konkurrenzkampf

1. *Defensive Kriegsführung ist die Taktik der Marktführer.* Die Marktführung bleibt jenen Unternehmen vorbehalten, deren Kunden sie als marktführend wahrnehmen. (Nicht aber solchen, die vorgeben Marktführer zu sein.) Die aggressivsten Marktführer sind bereit, sich selbst mit neuen Ideen anzugreifen. Lange Zeit galt Gillette als Paradebeispiel für diese Sorte Unternehmen, da sie alle zwei bis drei Jahre ihre eigenen Produkte mit neuen Ideen attackierten. Wir haben Doppelklingenrasierer gesehen (Altra), Rasierer mit besonders sensiblen Klingen (Sensor), und jetzt haben wir den Dreiklingen-Rasierer (Mach 3). Ein Unternehmen, das ständig in Bewegung ist, hat wenig Konkurrenz zu fürchten. Aggressive Marktführer zeichnen sich auch dadurch aus, dass sie die Konkurrenten in ihren Vorhaben blockieren. Als Bic mit dem Einwegrasierer auf den Markt kam, konterte Gillette kurz darauf mit dem Zweiklingen-Einwegrasierer (Good News). Nun dominiert es ebenfalls in diesem Segment. Alles in allem hält Gillette einen Marktanteil von 60 Prozent bei den Nassrasierern, und das ist ein echter „Marktführer".

2. *Offensive Kriegsführung ist die Strategie für die Nummer zwei und drei in einer Kategorie.* Das Grundprinzip hierbei ist, die Stärken des Marktführers zu meiden. Stattdessen sucht man nach dessen Schwächen und greift ihn dort an. Konzentrieren Sie all Ihre Kraft auf diesen einen Punkt.

In den letzten Jahren ist Papa John's Pizza die am schnellsten wachsende Pizzakette der Vereinigten Staaten gewesen. Papa John's griff den Marktführer Pizza Hut nämlich an seinem schwächsten Punkt an – den Zutaten. John Schnatter, der Gründer von Papa John's, ließ sich exklusiv mit der besten Tomatensauce des Landes beliefern. Anschließend machte er sie zum Eckpfeiler seiner Strategie: „Bessere Zutaten. Bessere Pizza." Und seither bleibt er seinem Konzept der qualitativ hochwertigeren Zutaten treu, und das gilt für den Käse genauso wie für den übrigen Pizzabelag. Er filtert sogar das Wasser für den Teig. Das *Wall Street Journal* schrieb: „Papa John's auf der Überholspur." Solche Schlagzeilen stimmen Pizza Hut verständlicherweise nicht besonders froh.

Marktführer lassen sich auch sehr gut mit neuester Technologie angreifen. In der Papierherstellung beispielsweise ist der Kampf um die Qualitätskontrollsysteme zu einem Kopf-an-Kopf-Rennen zwischen Measurex, dem gegenwärtigen Marktführer, und AccuRay (einer Tochter von ABB) geworden. Letzteres Unternehmen war einmal marktführend bei Systemen für die Messung der Gleichmäßigkeit von Papier während der Herstellung.

AccuRay attackierte Measurex mit einer neuen Generation elektronischer Scanning-Technologie, die das gesamte Blatt erfasst und nicht nur einzelne Abschnitte. Das Ganze heißt „Hyper Scan Full Sheet Imaging" und verspricht eine Qualitätskontrollmessung, mit der Measurex nicht mithalten kann. Diese Idee wird funktionieren, weil AccuRay damit seinen Konkurrenten obsolet macht.

3. *Neue oder kleinere Mitspieler versuchen, in einem Segment Fuß zu fassen, indem sie das Hauptschlachtfeld vermeiden und einen Flankenangriff starten.* Diese Strategie besteht darin, eine Art Nebenkriegsschauplatz zu eröffnen und auf den Überraschungseffekt zu setzen. Häufig handelt es sich hierbei um eine neue Idee, wie etwa Gourmet Popcorn (Orville Redenbacher) oder Dijon-Senf (Grey Poupon). Ein solch brillanter Schachzug findet gerade in der Golfbranche statt. Während sich alle auf die Driver, Eisen und Putter konzentrieren, wagte sich Adams Golf auf ein Gebiet vor, das noch nie hart umkämpft wurde. (Es liegt auf dem Fairway, also knapp 200 Meter vom Green entfernt.) Adams' genialer Zug bestand darin, sich ein besonders flaches Design für Fairway-Hölzer patentieren zu lassen, die perfekt für das Spiel auf diesen engen Lagen geeignet sind. Der simple, aber brillante Produktname sagt schon alles: Tight Lies Fairway Woods. Und der Plan ging auf. Binnen kurzem wurden Adams' Schläger die meistverkauften Fairway-Hölzer im Land.

Als ein gewisser 19-jähriger Michael Dell seine kleine Computerfirma startete, wusste er, dass er keine Chance hatte gegen die Einzelhandelspräsenz der Großen. Zu jener Zeit galt das ungeschriebene

Gesetz, Computer ließen sich nur im stationären Handel verkaufen. Alle Computerhersteller gingen davon aus, dass Kunden hochwertige Elektronik nicht von einem Versandhandel beziehen würden. Dell brach dieses Gesetz und attackierte die Branche von der Seite mit Direktvertrieb. Wir alle wissen, wie die Geschichte ausging: Er baute in nur 5 Jahren ein 800-Millionen-Dollar-Unternehmen auf.

4. ***Der Guerillakrieg ist oft die Taktik kleinerer Unternehmen.*** Eine Grundvoraussetzung für diese Taktik ist, einen Markt zu finden, der klein genug ist, dass man ihn allein verteidigen kann. Es handelt sich hierbei gewissermaßen um eine „Hecht im Karpfenteich"-Strategie. Ganz gleich, wie erfolgreich Sie werden, handeln Sie nie wie ein Marktführer. Sich als Marktgigant zu verhalten kann Guerilla-Unternehmen das Genick brechen. (Erinnert sich noch jemand an People's Express Airline?)[1]

Und man muss auf einen jederzeitigen Rückzug vorbereitet sein. Kleine Unternehmen können sich keine großen Verluste leisten. Stattdessen sollten sie untertauchen und den nächsten günstigen Moment zum Angriff abwarten. Eine der interessantesten Guerilla-Fallstudien kann man derzeit in der Karibik betreiben, wo sich die großen und kleinen Inseln eine Touristikschlacht liefern. Grenada ist eine der südlichsten Inseln in der Karibik und bislang nur dafür berühmt, dass Präsident Reagan einst seine Soldaten dorthin entsendet hat, um ein paar Kubaner zu verscheuchen. Nun versucht Grenada, sich sein Stück vom großen Tourismuskuchen abzuschneiden.

Weil die Insel ziemlich spät dran ist, ist sie noch nicht von den typischen Bausünden verschandelt. Es gibt wenig Beton und keine übererschlossenen Strände. Genau genommen ist dort kein Gebäude höher als eine durchschnittliche Palme. Dadurch konnte Grenada eine Strategie entwickeln, die auf dem Konzept der „unberührten Insel" beziehungsweise – wie Grenada es nennt – „die Karibik, wie sie

---

[1] Bis 1983 die am schnellsten wachsende Airline der USA, die sich dann mit ungezügelter Expansion ihr eigenes Grab schaufelte, *Anm. d. Ü.*

früher einmal war" basiert. Das ist eine verteidigbare Idee, denn alle anderen Inseln sind touristisch längst vollständig erschlossen und haben keine Chance mehr, je wieder „unberührt" zu werden.

Kleine Dschungelkämpfer allerdings müssen sich darüber im Klaren sein, dass auch der Dschungel schnell zu einem überbevölkerten Ort werden kann. So geschah es den Minibrauereien, der erfolgreichen Guerillas im Biergeschäft. Angestachelt von der Begeisterung der Konsumenten für immer neue Geschmacksrichtungen und mit leicht zugängigem Eigenkapital von Investoren im Hintergrund, brachten sie es auf 4.000 verschiedene Marken. Bei so vielen Guerilleros auf einem verhältnismäßig kleinen Terrain führte das zwangsläufig zur Kannibalisierung. Nach einem kometenhaften Aufstieg ist die Minibauerei-Industrie inzwischen schal wie abgestandenes Bier. Inzwischen schrumpfen sich die letzten Reste im Krieg zwischen Brauereien und Brauereipubs gesund. Und wer wird diese Schlacht gewinnen? Viele Branchenkenner spekulieren, dass Sam Adams zu den Überlebenden gehören wird, der einzige kleine Bierbrauer, der auf einen soliden nationalen Markt zurückgreifen kann, sowie die kalifornischen Regionalbrauereien Sierra Nevada und Anchor Steam.

Taktik und Strategie

Nachdem ich jahrelang als Stratege für einige der größten US-Unternehmen gearbeitet habe, bin ich zu einer revolutionären Schlussfolgerung gekommen: Strategien sollten immer bottom-up, also von der Basis aus entwickelt werden, und nicht top-down. Mit anderen Worten: Eine gute Strategie sollte basierend auf profunder Kenntnis des Geschäfts und der gültigen Geschäftstaktiken entwickelt werden.

Die Taktiken sollten die Strategien bestimmen, sprich: die Kommunikationstaktik gibt die Regeln für die Marketingstrategie vor. Die meisten Marketingexperten glauben das Gegenteil. Eine allgemein akzeptierte Weisheit ist, dass über allem die übergeordnete Unternehmensstrategie steht und sich die Taktiken an ihr ausrichten. Dieser Ansatz ist deshalb so beliebt, weil die meisten Top-Manager von ihren Plänen besessen sind. Aber was sind Langzeitpläne denn anderes als detailliert ausgearbeitete Bilder des Zukunftsszenarios, das ein Top-Manager von seinem Unternehmen entwickelt?

Wenn Unternehmen den Schwerpunkt auf die Strategie legen oder wo das Unternehmen in fünf oder zehn Jahren sein soll, dann begehen sie zwei Todsünden: 1. die Weigerung, ein mögliches Scheitern einzukalkulieren, und 2. die Zurückhaltung, den gegenwärtigen Erfolg optimal zu nutzen. Das nennt man *Top-down-Denken*.

Um besser zu verstehen, worum es dabei geht, werden einige neue Definitionen benötigt, die Al Ries und ich in unserem Buch *Marketing fängt beim Kunden an* zu geben versucht haben.

Was ist eine Taktik?

Eine Taktik ist eine Idee. Wer eine Taktik entwickeln will, sucht eigentlich nach einer Idee. Aber die Vorstellung von dieser Idee ist nebulös. Welche Art Idee? *Wo* findet man sie? Diese beiden Fragen sollten als Erstes beantwortet werden.

Um bei der Beantwortung zu helfen, schlagen wir folgende Definition vor: *Eine Taktik ist ein mentaler konkurrenzorientierter Ansatzpunkt.* Jede Taktik muss einen konkurrenzorientierten Blickwinkel haben, um erfolgversprechend zu sein. Das muss nicht unbedingt ein besseres Produkt oder ein besserer Service sein. In erster Linie muss ein Differenzierungselement vorhanden sein: kleiner, größer, leichter, schwerer, billiger oder teurer. Auch ein anderes Vertriebssystem kann ein Differenzierungsmerkmal sein. Außerdem muss die Taktik in der gesamten Marketingarena konkurrenzfähig sein, nicht nur gegenüber ein oder zwei Konkurrenzprodukten. Ein konkurrenzorientierter Ansatzpunkt ist der Punkt im Gedächtnis, der Ihrem Marketingprogramm Erfolg ermöglicht. Aus dieser Position müssen Sie den Hebel ansetzen.

Aber Taktik allein ist nicht genug. Um den Prozess abzuschließen, muss die Taktik in eine Strategie übergeführt werden. (Wenn die Taktik der Nagel ist, ist die Strategie der Hammer.) Sie benötigen beides, um eine Position im Gedächtnis der Kunden zu etablieren.

Was ist eine Strategie?

Eine Strategie ist kein Ziel. Und wie im Leben sollte die Strategie auf den Weg und nicht auf das Ziel fokussiert sein. Top-down-Denken betrachtet das Ziel dagegen ausschließlich als Ergebnis. Manager, die in solcher Weise denken, überlegen erst einmal, was sie erreichen wollen, und dann suchen sie nach Mitteln und Wegen, um an ihr gestecktes Ziel zu gelangen.

Die meisten Ziele allerdings sind einfach unerreichbar, weshalb Zielsetzung häufig ein eher frustrierendes Unterfangen ist. Marketing – wie auch die Politik – ist die Kunst des Möglichen.

In unserer Definition nun ist eine Strategie kein Ziel, sondern eine *kohärente Marketingausrichtung*. *Kohärent* ist sie insofern, als sie sich an der gewählten Taktik orientiert und kohärente *Marketing*aktivitäten beinhaltet. Die vier Ps des Marketingmix (product, price, place, promotion) müssen sich an der gewählten Taktik ausrichten. (Stellen Sie sich Taktik als Lichtwellen einer bestimmten Länge vor und die Strategie als Laser, der auf diese Wellenlänge abgestimmt wurde. Sie brauchen beides, um in die Wahrnehmung und das Gedächtnis der Verbraucher einzudringen.) Und schließlich ist eine Strategie eine kohärente Marketing*ausrichtung*. Ist sie einmal definiert, sollte sie konsequent beibehalten werden.

Der Sinn und Zweck einer Strategie besteht darin, die eigenen taktischen Ressourcen zu mobilisieren. Indem alle Ressourcen in eine strategische Richtung gelenkt werden, wird die Nutzung der Taktik maximiert, ohne von einem starren Ziel behindert zu werden. Im Marketing wie auch in der Kriegsführung ist die sicherste Strategie die schnelle

Nutzung der Taktik. Alles andere ist für Verlierer gemacht. Sieger laufen stets auf Hochtouren.

Taktik versus Strategie

Eine Taktik ist eine singuläre Idee oder Blickwinkel. Eine Strategie besteht aus vielen Einzelelementen, von denen sich jedes an der Taktik ausrichtet. Eine Taktik ist ein einzigartiger oder differenzierender Blickwinkel. Eine Strategie hingegen kann sehr wohl banal sein.

Eine Taktik ist ein Blickwinkel, der zeitunabhängig und relativ konstant ist. Eine Strategie aber entwickelt sich über einen bestimmten Zeitraum. Eine Rabattaktion beispielsweise ist eine Taktik, die bei den meisten Einzelhändlern irgendwann zur Anwendung kommt. Ein Einzelhändler jedoch, der jeden Tag Rabattaktionen bietet, ist ein Discounter, und das wiederum ist eine Strategie.

Eine Taktik ist ein Wettbewerbsvorteil, während eine Strategie darauf ausgelegt ist, diesen Wettbewerbsvorteil dauerhaft zu gewährleisten. Eine Taktik ist produkt-, dienstleistungs- und unternehmensunabhängig. Dagegen ist eine Strategie unternehmensbezogen (Strategien erfordern oft größere interne Reorganisationen.)

Eine Taktik ist kommunikationsorientiert, eine Strategie produkt-, service- oder unternehmensorientiert.

Das Prinzip des Bottom-up-Marketing ist einfach: Man beginnt beim Detail und arbeitet sich dann zu übergeordneten Aspekten vor, man beginnt bei der kurzfristigen und endet bei der langfristigen Planung.

Beachten Sie noch Folgendes. Die einzigartige Auswirkung von Bottom-up-Marketing. Finden Sie eine Taktik, die klappt, und entwickeln Sie daraus eine Strategie. Finden Sie eine Taktik, nicht zwei, drei oder vier.

Eine Taktik sollte etwas sein, das Sie besser beherrschen als Ihre Konkurrenz. Im Zweiten Weltkrieg war General George S. Patton sehr gut in der Panzerkriegsführung. Der Panzerkrieg war seine Taktik. Herb Kelleher von Southwest Airlines war sehr gut im Kurzstreckenflugverkehr. Volvo hat sich seit der Gründung auf Sicherheit spezialisiert. Das Unternehmen hat das Thema Sicherheit zur treibenden Kraft für die Unternehmensstrategie gemacht und baut eben Autos, die wie Panzer aussehen. Selbst der Volvo Geländewagen ist sicherer als die Autos der Konkurrenz, weil man so lange daran gearbeit hat, bis dieses Auto den Volvo Sicherheitsstandards entsprochen hat. Diese Beispiele haben eines gemeinsam: Spezialisierung.

FAZIT

Kennen Sie Ihre Konkurrenten.
Meiden Sie ihre Stärken und nutzen Sie ihre Schwächen aus.

5. Kapitel
Strategie heißt Spezialisierung

Wenn Wirtschaft Krieg ist, dann kann man nur wachsen und gedeihen, wenn man irgendeine Sache besser beherrscht als die Konkurrenz. Ob Ihr Unternehmen groß oder klein ist, Ihre Strategie sollte sich immer an Ihren *Kernkompetenzen* ausrichten. Warum ist das so wichtig? Weil die Menschen beeindruckt sind, wenn jemand etwas besonders gut kann. Sie halten ihn automatisch für einen Experten. Entsprechend neigen sie dazu, ihm mehr Wissen und Erfahrung zuzugestehen, als er tatsächlich verdient. Das ist nicht weiter verwunderlich, wenn man bedenkt, was das Wort „Experte" bedeutet: „jemand, der über viel praktische Erfahrung und Wissen auf einem bestimmten Spezialgebiet verfügt." Im Umkehrschluss wird dem Generalisten seine Fachkenntnis auf vielen Gebieten selten zugute gehalten, ganz gleich, wie gut er tatsächlich sein mag. Der gesunde Menschenverstand sagt den Verbrauchern, dass kein einzelner Mensch und kein einzelnes Unternehmen ein Experte auf allen Gebieten sein kann.

Eine Lektion

Vor vielen Jahren lernte ich bei General Electric, wie sehr der Spezialist dem Generalisten überlegen ist. Zu jener Zeit führte GE gerade *Turnkey Power Plants* (schlüsselfertige Kraftwerke) ein. Das Konzept war ganz einfach. GE bot Stromerzeugern an, komplette Kraftwerke zu errichten und sie den Betreibern schlüsselfertig zu übergeben. („Alles aus einer Hand" hieß das Konzept.)

Nette Idee, nicht? Falsch.

Die Stromerzeuger sagten: „Nein, danke. Ihr kriegt den Vertrag für die Turbinengeneratoren, aber für die Schaltanlagen, die Kontrollsysteme etc. engagieren wir Spezialisten." Obwohl es sich bei dem Anbieter um

General Electric handelte, den Erfinder der Elektrizität, wollten die Stromerzeuger auf jedem Gebiet nur die Besten: die Spezialisten.

Eine weitere Lektion

Na gut, überlegte sich GE, wenn diese Strom-Leute meinen, sie wüssten alles besser, dann wenden wir uns eben an die Hausfrauen und bieten ihnen eine komplette „GE-Küche" an. Es war dasselbe in Grün. Die Hausfrauen sagten: „Nein, danke. Wir nehmen euren Kühlschrank, aber den KitchenAid-Geschirrspüler, die Maytag-Waschmaschine etc."

Obwohl es General Electric war, der King unter den Haushaltsgeräten, wollte sich die Hausfrau selbst aussuchen, was sie für das Beste hielt. Generalisten wie General Electric, so groß ihr Name auch sein mag, sind im Markt eher schwach.

Denken wir allein an große Nahrungsmittelkonzerne wie Kraft. Im Vergleich mit spezialisierten Marken sieht Kraft alt aus. Bei Mayonnaise hat Kraft keine Chance gegen Hellmann, bei Marmelade unterliegt es Smucker's, bei Senf schnürt ihm French's die Luft ab und bei Joghurt wird es von Dannon vernichtet. Zum Glück hat Kraft einige eigene Spezialmarken. Genau genommen ist seine größte Spezialmarke eine, von der die wenigsten Menschen wissen, dass sie Kraft gehört: Philadelphia Rahmkäse. Wenngleich das Kraft-Emblem auf der Packung leuchtet, sehen es die meisten Käufer gar nicht. Ein Großteil von ihnen hält den Rahmkäse für ein Produkt einer kleinen Käserei in Philadelphia.

Dasselbe gilt für den Einzelhandel

Nehmen wir den Einzelhandel. Welche Einzelhändler stecken heute in Schwierigkeiten? Die Kaufhäuser. Und was ist ein Kaufhaus? Ein Geschäft, das alles verkauft. Damit erfüllt es die Grundvoraussetzungen für ein sicheres Scheitern, denn wie will man zwischen dem einen und dem anderen Kaufhaus differenzieren, wenn beide „alles" anbieten?

Strategie heißt Spezialisierung

Campeau, L. J. Hooker und Gimbel's landeten vorm Konkursgericht. Hills ging ebenfalls bankrott. Macy's, das größte Kaufhaus der Welt, meldete Insolvenz an. Auch wenn einige wenige Kaufhäuser überlebt haben, kann man an dieser Entwicklung erkennen, wie schwer es diese Form des Einzelhandels hat.

Interstate Department Stores drohte gleichfalls die Insolvenz. Also sah man dort etwas genauer in die Bücher und beschloss, sich auf die einzige Produktkategorie zu konzentrieren, mit der man bisher Geld verdient hatte: Spielwaren. Man entschied, sich vorerst ausschließlich auf diese Sparte zu beschränken, und suchte sich dafür einen neuen Namen – Toys „R" Us. Heute hält Toys „R" Us über 17 Prozent des Marktanteils im Einzelhandels mit Spielwaren in den USA. Auch andere Einzelhandelsketten haben das Rezept von Toys „R" Us übernommen, in einer Produktkategorie ein breites Sortiment anzubieten. Der Büroartikelgroßmarkt Staples und Blockbuster Video sind weitere Beispiele. Die großen Erfolgsunternehmen im Einzelhandel sind im Allgemeinen die Spezialisten:

- *Swatch.* Große Auswahl an poppigen und günstigen Lifestyle-Uhren. Limitierte Auflagen, z.T. mit Sammlerwert
- *H&M.* Mode für junge Menschen zu extrem günstigen Preisen
- *Benetton.* Woll- und Baumwollstrickwaren für jüngere Kunden
- *Victoria's Secret.* Verführerische Dessous
- *Foot Locker.* Trendige Sportschuhe
- *Mango.* Zeitgemäße Damenmode zu günstigen Preisen
- *Alessi.* Hochwertige Haushalts- und Küchenartikel in italienischem Design

Wenn ein Bekleidungs-Einzelhandel mit dem Namen Mango erfolgreich sein kann, dann wissen Sie, dass wir in der Ära von Spezialisten leben.

Der Gegenpol zu Wachstum

Der Ökonom Milton Friedman hat es perfekt formuliert: „Wir haben keine Notwendigkeit zu wachsen. Wir haben ein unstillbares Verlangen nach Wachstum." Wie das in der Praxis aussieht, haben wir mit eigenen Augen gesehen. Ein Unternehmen nach dem anderen schloss sich der Auffassung an, größer sei gleichbedeutend mit besser. Mittlerweile ist klar geworden, dass Größe eine Menge Probleme mit sich bringt. Die Fokussierung geht verloren, und irgendwann wird das Ganze zu einem reinen Zahlenspiel. Die Wall Street hat Begehrlichkeiten geweckt, die den Wunsch nach Größe verstärken, und das wiederum führt zu schlechtem Marketing. (Mehr darüber im 8. Kapitel.)

Der Gegenpol dazu ist *Spezialisierung*. Sich zu spezialisieren ist eine effektive Methode, gegen größere, aber undifferenzierte Wettbewerber anzutreten. Weshalb? Weil Kunden nicht glauben, dass ein Unternehmen alles kann. Die meisten Kunden wollen die beste Lösung in diesem Segment. Denken Sie nur an die gegenwärtige Krise der Fluglinien. Nur ein einziges Unternehmen schreibt überhaupt noch schwarze Zahlen. Das ist Southwest Airlines, der Spezialist für Kurzstrecken- und Direktflüge – keine Großflughäfen, kein Essen an Bord, keine Sitzreservierungen und nur ein Maschinentyp für alle Strecken. Und inzwischen hat Southwest mehr Flugzeuge als Lufthansa.

Spezialisierung lautet die strategische Stoßrichtung. Es wird am Ende große globale Marken geben, die sich erfolgreich behaupten, und daneben hoch spezialisierte Marken, die sich in ihrer Nische eingerichtet haben. Schwierigkeiten erwarten all jene, die sich irgendwo dazwischen aufhalten. Sie werden nicht groß genug sein, um global mitzuhalten, und nicht flexibel genug, um gegen die kleineren Spezialisten zu bestehen.

Experte werden

Der Spezialist hat die Chance, sich durch besondere fachliche Kompetenz auf einem Gebiet zu differenzieren. In der Umweltberatung tummeln sich derzeit jede Menge Spieler, große und kleine, von denen alle so ziemlich dasselbe machen. Das Unternehmen ENSR mit Sitz in Boston hat sich etwas ganz Besonderes ausgedacht: die Prüfung von Umweltauflagen. Sobald eine internationale Immobilientransaktion ansteht, bietet es den Interessenten an, die jeweiligen Auflagen und damit verbundenen Kosten vor Ort zu prüfen. Dabei greift ENSR auf eigene globale Ressourcen zurück. Mit diesem Spezialservice grenzt es sich nicht nur von seinen Wettbewerbern ab, es bietet darüber hinaus die Lösung aller Probleme, die bei der Auflagenprüfung entdeckt wurden, gleich mit an.

Ein Verlegertraum

Wer nicht gerade ein Autonarr in den USA ist, wird wohl noch nie von dem monatlich erscheinenden Magazin *Hemmings Motor News* gehört haben. Hierbei handelt es sich um den ultimativen Spezialisierungserfolg in der Verlagswelt, in der Fachwissen so kostbar ist wie der heilige Gral.

Hemmings hat eine Auflage von 265.000 Heften und weist einen Jahresumsatz von 20 Millionen Dollar aus. Die durchschnittliche Ausgabe ist 800 Seiten stark und mit 20.000 Anzeigen gespickt, in denen alles von der Lenkstange des Model-T-Ford (für 55 Dollar) bis hin zum 1932er Rolls-Royce Henley (um 650.000 Dollar praktisch geschenkt) angeboten wird.

Dieser Wälzer von einer Zeitschrift besteht aus kleinen Schwarz-Weiß-Annoncen in schlichtem Format, die per Scheck oder Kreditkarte bezahlt werden. Der redaktionelle Teil ist verschwindend klein. Die Verkaufsabteilung ist mini. Terry Ehrlich, der Besitzer dieser Cashcow, die zu den größten im Verlagswesen gehört, sagt, das Magazin reite auf der Welle der Autosammler und Autobastler. „Ich bin nur ein mittelmäßiger Jockey, der ein höllisch gutes Pferd reitet", erklärt er. Ein Pferd, das in diesem Fall eine höllisch gute Spezialisierungsidee ist.

Zum generischen Begriff werden

Die stärkste Waffe für einen Spezialisten ist es, zum generischen Begriff zu werden. Das ist der Fall, wenn der Markenname für das Produkt und für die gesamte Produktkategorie steht. In den USA ist dies Gatorade, einer Marke für Sportgetränke, gelungen. Auch wenn es nicht einfach ist, zu einem Tesa unter den Klebebändern oder einem Tempo unter den Papiertaschentüchern zu werden, so hat doch jeder Spezialist die Chance, das höchste Ziel im Markenerfolg zu erreichen.

Einer meiner liebsten generischen Spezialisten ist die Martin-Baker Aircraft Company in Highes Denham, England. Ein Familienunternehmen mit 1.000 Mitarbeitern, das als Pionier bei der Entwicklung von Schleudersitzen für Militärflugzeuge gilt. Seine Hightech-Sitze finden sich in beinahe jedem Flugzeug, dessen Piloten sich im Notfall aus der Maschine katapultieren lassen müssen. Die Sitze kosten bis zu 150.000 Dollar pro Stück, und Martin-Baker hat bereits über 70.000 von ihnen hergestellt. Damit liegen seine Produktionszahlen annähernd dreimal so hoch wie die seines nachfolgenden Konkurrenten. Ich habe einige Jahre bei den Marinefliegern verbracht, und bei uns hießen die Sitze immer Martin-Baker-Sitze.

Andere kleine Spezialisten

Während man von Unternehmensikonen und ihren Schwierigkeiten lesen kann, ihre Marktanteile in einer globalisierten Wirtschaftswelt zu verteidigen, gibt es Unternehmen, von denen sie noch nie gelesen haben, die sehr erfolgreich sind.

Landauer ist eine dieser Marken, eine kleine Firma, die Detektoren im Ansteckformat zur Messung von Strahlenbelastung für Menschen herstellt. Landauer setzt 58 Millionen Dollar jährlich um und verzeichnet einen Nettogewinn von 28 Prozent des Gesamtumsatzes. Das entspricht einem Marktanteil von 50 Prozent. Die Spezialisierungsstrategie: Fokussierung auf einen kleinen Markt, der für die Großen nicht interessant ist.

Zebra Technologies stellt Thermodrucker für das Drucken von Barcodes her. Es erwirtschaftet damit einen Jahresumsatz von 475 Millionen Dollar bei einem Nettogewinn von 71 Millionen Dollar und hält einen Marktanteil von 35 Prozent. Seine Spezialisierungsstrategie: Die Entwicklung eines einzigartigen Vertriebsnetzwerks über Hunderte von Branchennischen, die sich vom Wettbewerb nicht so leicht aufspüren lassen.

Aftermarket Technology arbeitet Autogetriebe um. Damit erwirtschaftet es einen Jahresumsatz von 415 Millionen Dollar und hält einen Marktanteil von 72 Prozent bei den händlerinstallierten umgearbeiteten Getrieben für Kraftfahrzeuge der drei großen US-Automobilmarken. Hier lautet die Spezialisierungsstrategie: Pflege des Fachwissens.

Es gibt viele kleine, aber sehr schlagkräftige Guerilleros im Wirtschaftsdschungel.

Große Spezialisten

Oft verstecken sich hinter Spezialisten auch Großunternehmen, von denen man zunächst nicht vermutet, dass sie Spezialisten sind. Drei von ihnen seien hier genannt:

3M Company ist ein 16-Milliarden-Dollar-Unternehmen, das gern über seine mehr als tausend innovativen Produkte spricht. Meiner Ansicht nach aber lebt das Unternehmen vor allem von seiner Expertise in der Verbindung von Elementen mittels Klebstoffen und Schnellverschlüssen. Niemand kann das besser als 3M. Dessen andere Produkte wie ein Overhead-Projektorsystem, Silicon-Brustimplantate, Datenspeicher, Audio- und Videobänder, Kopierer und Geräte für Herzchirurgie waren samt und sonders Flops und sind längst vergessen. 3Ms Spezialitäten wie Post-it und Scotch tape sind erfolgreich.

Gillette ist ein 8-Milliarden-Dollar-Unternehmen – der Godzilla unter den Rasierklingen – mit einem weltweiten Marktanteil von über 60 Prozent. Das ist die Spezialität von Gillette. Zum Konzern gehören auch Duracell-Batterien, Braun-Elektrogeräte und Oral-B-Zahnpflegeprodukte. Aber das sind Nebenkriegsschauplätze gegenüber dem Rasierer-Business. Gillette hat sowohl sein Haarpflege- als auch sein Schreibwarengeschäft abgestoßen und sollte langfristig aus allem aussteigen, was keine glatte Rasur verspricht.

Otis ist die weltweite Nummer eins unter den Aufzugbauern. Über eine Million Fahrstühle sind weltweit in Betrieb. Damit ist Otis die erfolgreichste Sparte des Mischkonzerns United Technologies, was auf eine interessante Strategie schließen lässt. Wer wirklich groß sein will, sollte tun, was United Technologies getan hat, nämlich verschiedene spezialisierte Unternehmen zu akquirieren, darunter einen Klimaanlagenspezialisten (Carrier), einen Helikopterspezialisten (Sikorsky), einen Düsentriebwerksspezialisten (Pratt & Whitney) sowie einen Spezialisten für militärische Elektronik (Luftradar, Navigationssysteme, elektronische Abwehr, Luftraum Management Service). United Technologies ist ein sehr großer, vielfach spezialisierter Konzern, der auf jedem Gebiet erfolgreich ist.

Und nun die schlechten Nachrichten

Ein erfolgreicher Spezialist muss spezialisiert bleiben. Er kann nicht in neue Geschäftsfelder expandieren, weil er damit riskiert, dass ihn die Verbraucher nicht mehr als Spezialisten wahrnehmen. Herzchirurgen beherrschen dieses Wissen instinktiv, weshalb sie ja auch nicht plötzlich beschließen, sich auf Knieoperationen zu verlegen, weil die gerade reichlich Geld einbringen.

Die meisten Marketingexperten schätzen es jedoch nicht, auf ein Geschäftsfeld oder eine Spezialität festgelegt zu sein. Sie wollen möglichst alles sein. Was sie nicht erkennen, ist, dass sie ihren Mitbewerbern durch die Expansion in neue Geschäftsfelder die Möglichkeit eröffnen, der neue Spezialist zu werden. Heinz war zuerst ein Spezialist für Essiggurken. Dann wurde Heinz ein Ketchupproduzent, und nun wird das Geschäft mit Essiggurken von Vlasic und Mt. Olive dominiert. Auf dem amerikanischen Markt war Volkswagen der Spezialist für Kleinwagen. Dann brachte VW Limousinen, Sport- und Geländewagen. Heute beherrschen Japaner und Amerikaner dieses Segment.

Scott war Amerikas Nummer eins unter den Toilettenpapieren, aber diversifizierte es in eine Unzahl anderer Papierprodukte aus. Jetzt ist Charmin Marktführer bei Toilettenpapieren.

Vorsicht vor dem Hobby des CEO

Magna International ist als bedeutender Automobilzulieferer ein Spezialist auf seinem Gebiet. Zu seinen Kunden zählen Chrysler, Ford, Jeep, Dodge, Chevrolet, Mercedes und Cadillac. Der Jahresumsatz bewegt sich bei 6 Milliarden Dollar. Magna steht für modernste Technologie in der Automobilindustrie, deren Hersteller von ihren Zulieferern immer größere und komplexere Komponenten erwarten, wie zum Beispiel komplette Sitzsysteme.

Nun ist der Vorstandsvorsitzende des Unternehmens, Frank Stronach, nebenbei ein begeisterter Anhänger des Pferderennsports, der Hunderte von Rennpferden besitzt. So gesehen war es keine Überraschung, als Magna plötzlich beschloss, in Geschäfte zu investieren, die völlig jenseits seiner Kernkompetenzen lagen, wie etwa in den California-Santa-Anita-Racetrack und das Magna Racino, Europas modernste Pferderennbahn. (Sie setzten also auf ein Pferd mit einer gänzlich anderen Spezialität.) Und weitere Rennbahnkäufe sind im Gespräch.

Stronach will sich nach und nach vom Zuliefergeschäft lösen und sich auf das Rennbahn- und Sportwettgeschäft verlegen. Darüber sind – welch Wunder – zahlreiche Aktionäre nicht gerade erfreut. Meine Wette: Nichts als Ärger.

Sagen Sie es, wie es ist

Man darf nicht davon ausgehen, dass jeder weiß, wer in welcher Kategorie Spezialist ist. Deshalb rate ich jedem immer wieder, sich selbst als „der Spezialist in (was auch immer)" zu positionieren. Die Menschen wollen diese Information, weil sie wissen möchten, wer worin Experte ist. Und wenn das alles ist, was Sie tun, dann sollten Sie auch dafür sorgen, dass die Welt das erfährt.

So hat es jedenfalls Subaru gehandhabt, ein japanischer Automobilhersteller, der sich in einer schweren Krise befand. 1993 wurde George Muller Präsident des Unternehmens, und seine ersten Fragen lauteten: „Worin sind wir gut?" und „Was zeichnet unseren Job aus?" Die Antwort war „Allradtechnologie". Muller entschied auf der Stelle, sich auf dieses Spezialwissen zu konzentrieren, und sagte: „Wir nahmen uns vor, ausschließlich Autos mit Allradantrieb zu verkaufen, um uns von Toyota und Honda zu unterscheiden."

Und in der Werbung erzählte Subaru stolz, das sie keine Autos bauen, sondern ausschließlich auf Fahrzeuge mit Allradantrieb spezialisiert sind. Mit diesem Schritt ist Subaru zu einem Zeitpunkt der Turnaround gelungen, als das Unternehmen mit seiner Me-too-Strategie schon am Abgrund stand. (Der Absatz war bereits um 60 Prozent zurückgegangen.) Das Unternehmen überlebte, weil es sich als Spezialist auswies und sich damit deutlich von seinen Konkurrenten differenzierte.

Wie mancher Leser wohl bemerkt haben dürfte, habe ich bisher noch kein Buch über Spezialisierung geschrieben. Nun, warten Sie's ab. Eines Tages sehen Sie vielleicht eines mit dem Titel *Wer sich spezialisiert, überlebt*. Bis dahin werden Sie mit diesem Kapitel vorlieb nehmen müssen.

FAZIT

Es ist besser, auf einem Gebiet außerordentlich als auf vielen Gebieten gut zu sein.

6. Kapitel
Strategie heißt Einfachheit

Komplexe Strategien sind ebenso wie komplexe Schlachtpläne zum Scheitern verurteilt. Es kann zu viel passieren. Der heilige Gral ist die Einfachheit. Aber genau das ist der Haken. Die meisten Menschen bewundern alles, was komplex ist, und misstrauen dem Einfachen. Was einfach ist, regt die Fantasie nicht an. Ich habe darüber viel nachgedacht, als ich an dem Buch *Die Macht des Einfachen* schrieb.

Die Suche nach dem Offensichtlichen

Das Gegenmittel für die Angst vor dem Einfachen ist der gesunde Menschenverstand. Leider lassen ihn die meisten Menschen auf dem Parkplatz, wenn sie zur Arbeit kommen.

Henry Mintzberg, Professor für Management an der McGill University, sagte dazu: „Management ist ein seltsames Phänomen. Es wird großzügig entlohnt, hat enormen Einfluss und weist erstaunlich wenig gesunden Menschenverstand auf."

Gesunder Menschenverstand ist eine Weisheit, die von allen geteilt wird. Er präsentiert sich in offensichtlichen Wahrheiten. Einfache Ideen tendieren dazu, banal zu erscheinen, weil sie auf der Hand liegen. Leider misstrauen die Menschen ihren Instinkten. Sie meinen, es müsste hinter allem und jedem noch eine versteckte, komplexere Antwort stecken. Falsch. Was für uns offensichtlich ist, ist es für viele andere auch. Und deshalb kommen offensichtliche Antworten im Geschäftsleben normalerweise sehr gut an.

Schlägt man im Wörterbuch unter *common sense* nach, so wird er dort als eine angeborene Urteilskraft definiert, die frei von emotionalen Vorurteilen oder intellektuellem Scharfsinn ist. Darüber hinaus setzt der gesunde Menschenverstand keinerlei spezielle technische Kenntnisse voraus. Mit anderen Worten: Man sieht die Dinge, wie sie wirklich sind. Man folgt den Gesetzen der Logik und schaltet Gefühle wie Eigeninteressen aus. Nichts könnte einfacher sein als das.

Eine Beobachtung direkt von der Straße

Stellen wir uns einmal folgendes Szenario vor: Man befragt zehn willkürlich ausgewählte Personen, wie gut sich ein Cadillac verkaufen könnte, der wie ein Chevrolet aussieht. Fast alle würden daraufhin antworten: "Nicht besonders gut."

Die Befragten nutzen ihren gesunden Menschenverstand, um ihr Urteil in dieser Frage zu fällen. Sie verfügen weder über Daten noch Forschungsergebnisse, die ihre Aussage belegen könnten. Ebenso wenig brauchen sie technisches Wissen oder intellektuellen Scharfsinn. Für sie ist ein Cadillac ein großes, sehr teures Auto und ein Chevrolet ein kleineres günstigeres. Sie sehen die Dinge, wie sie wirklich sind. Bei General Motors allerdings sahen die Verantwortlichen die Welt nicht, wie sie wirklich war, sondern wie sie sie sehen wollten. Der gesunde Menschenverstand wurde über Bord geworfen – und das Modell „Cimarron" geboren. Uns überraschte nicht, dass es sich nicht sonderlich gut verkaufte (und das ist noch schmeichelhaft ausgedrückt). Hat man aus der Geschichte gelernt? Scheinbar nicht. GM brachte als Nächstes den „Catera" (das war 1:1 der Opel Omega) ins Rennen, einen weiteren Cadillac, der wie ein Chevrolet aussah, und wie sein Vorgänger verkaufte auch er sich nicht, weil er schlicht nicht überzeugen konnte. Sie wissen es, ich weiß es, aber GM will es einfach nicht wissen.

Leonardo da Vinci sah das menschliche Gehirn als ein Sammellabor für Informationen, die von den Augen, den Ohren und anderen Wahrnehmungsorganen aufgenommen werden und im Labor den Prüfstand des gesunden Menschenverstands durchlaufen. Letzterer stellte für da Vinci quasi einen allen anderen Sinnen überlegenen Supersinn dar. Und gerade diesem Supersinn weigern sich viele Menschen in der Wirtschaft zu vertrauen.

Strategie heißt Einfachheit

Jeder, der lange genug mit Marketing zu tun gehabt hat, weiß, wie irrational Menschen agieren. Gegenwärtig werden wir von Allradautos überrollt, die für das Gelände gebaut wurden. Wer fährt eigentlich abseits der Straßen? Weniger als zehn Prozent aller Fahrer. Brauchen die Käufer solche Autos? Nicht wirklich. Warum kaufen sie sie? Weil alle anderen sie auch kaufen. Sehr „rational", oder?

Und nun einige Worte zum intellektuellen Scharfsinn. Unternehmensstrategien zielen immer dann ins Leere, wenn Menschen sich von scharfsinnigen Forschungsberichten und Thesen blenden lassen, die zu wissen vorgeben, wie die Welt morgen aussehen wird. (Niemand kann das genau vorhersagen, aber viele geben sich gern den Anschein, sie könnten es.) Sie arbeiten ihre Hypothesen sorgfältig aus und spicken sie mit ein paar Fehlannahmen, die sie einfach als Fakten präsentieren.

Marktforschung kann verwirren

Die Frage, die sich stellt, ist: „Kann ich der Marktforschung trauen?"

Die Antwort lautet Ja und Nein.

Ich glaube an bestimmte *Arten* von Marktforschung. Ich glaube auch, dass man sich nicht von Daten blenden lassen sollte, statt seinen eigenen Instinkten zu vertrauen. Des besseren Verständnisses halber möchte ich noch einmal die Militäranalogie bemühen, die ich bereits in *Marketing Generalstabsmäßig* verwendet habe.

Kriegsführung und Marketing weisen zahlreiche Parallelen auf. In der Wirtschaft ist das Schlachtfeld der Markt, und der Feind ist die Konkurrenz. Gekämpft wird um die Verbraucher, und die Waffen sind die Medien, mit denen man ins Gedächtnis der Verbraucher eindringen will.

Forschung liefert Erkenntnisse

Und das Sammeln von Erkenntnissen wird als *Marktforschung* bezeichnet. Beim Militär gehen die klugen Köpfe eher vorsichtig mit Geheimdienstberichten um (und das aus gutem Grund). Viele Marketingexperten halten es mit Marktforschungsberichten nicht anders.

Der berühmte Militärhistoriker Karl von Clausewitz erklärte einmal: „Ein Großteil der Informationen, die man in Kriegszeiten erhält, ist widersprüchlich, ein noch größerer Teil falsch und der bei weitem größte Teil von zweifelhaftem Wert. Man kann nicht mit, aber auch nicht ohne leben, könnte man sagen."

Trotz der inneren Frustration wird der Umfang der Informationssammlung immer größer. Unternehmen wie GM, Kodak und Motorola haben eine eigene Abteilungen dafür geschaffen, die ihre Marktforschung koordiniert und überwacht. Andere Firmen haben „Wettbewerbsbeobachtung" und „Wettbewerbsanalyse" zu zentralen Elementen im strategischen Planungsprozess erhoben. Die 50 führenden Marktforschungsinstitute der USA geben an die vier Milliarden Dollar für die Suche nach Antworten aus. 38 Prozent davon kommen von außerhalb der Vereinigten Staaten. Die Bemühungen um Informationen steigen proportional zum Wettbewerbsdruck.

Ein grundlegendes Paradoxon

Wahrscheinlich ist dieses Phänomen auf ein grundlegendes Paradoxon im menschlichen Verhalten zurückzuführen. Je unberechenbarer die Welt wird, umso mehr versuchen die Menschen, Voraussagen zu erhalten, anhand deren sie entscheiden können, was sie tun sollen. (*California Management Review* veröffentlichte zu diesem Thema einen wegweisenden Artikel unter der Überschrift „Management & Magic".)

Vorbei die Tage, in denen Unternehmen ihre Strategien entwickelten, als seien sie allein auf der Welt. Verschwunden sind die strategischen Planer, die in ihrer Zahlenfixiertheit quantitative Modelle predigten und dabei völlig übersahen, dass ihre Mitbewerber drauf und dran waren, ihnen das Geschäft abzujagen. (Als das Wirtschaftswachstum Ende der 90er Jahre stagnierte, während der Wettbewerb gleichzeitig dramatisch zunahm, waren die grandiosen Strategien auf einmal das Papier nicht mehr wert, auf dem sie gedruckt waren.)

Was also soll das Marketing leisten? Wie lassen sich Informationen zur strategisch soliden Entscheidungsfindung nutzen? Hier sind einige Anregungen.

Lassen Sie sich nicht von Daten hypnotisieren

In unserer Überkommunikations-Gesellschaft liegt das Problem in dem Überangebot und nicht in einem Mangel an Daten. In unserer heutigen Welt sind Informationen nicht gleichbedeutend mit Macht. Die eigentliche Kraft liegt in der Einfachheit. Wissen ist nur dann Macht, wenn man die Fähigkeit besitzt, wichtige von den Milliarden unwichtigen Informationen zu trennen, die auf uns einprasseln. Einfachheit ist die Kunst, das Komplexe transparent zu machen. Eine der Fallen in der Multi-Milliarden-Dollar-Marktforschungsindustrie ist, dass Marktforscher nicht für Einfachheit bezahlt werden. Stattdessen scheinen sie nach Gewicht ihrer Berichte bezahlt zu werden. Wir müssen die Fülle an Daten filtern und uns auf die für uns relevanten Daten konzentrieren. Normalerweise sind das nicht einmal fünf Prozent des gesamten Informationsbestandes. Eine kleine Geschichte soll das verdeutlichen.

Schauplatz: Das Büro eines Markenmanagers bei Procter & Gamble. Meine Aufgabe bestand darin, zu entscheiden, was mit einer ihrer größten Marken geschehen sollte. Also stellte ich eine einfache Frage nach der Verfügbarkeit von Marktforschungsdaten. Und wieder einmal war ich überrascht von der Antwort: „Marktforschung? Wir haben einen ganzen Computer voll damit. Wie wollen Sie's haben? Ehrlich gesagt, wir haben so viele Daten, dass wir gar nicht mehr wissen, was wir damit anfangen sollen."

Man sollte niemals zulassen, dass eine Datenflut den gesunden Menschenverstand wegspült – und das Gespür für den Markt gleich mit.

Und vergessen Sie nicht, dass auch flüchtige Trends oft als Daten daherkommen. Gemäß einer Markteinschätzung von 1980 sollten fünf Prozent aller US-Haushalte bis 1985 über einen Videotextzugang verfügen, aber wie sich herausstellte, handelte es sich beim Videotext um einen Trend, der niemals einer wurde. Knight-Ridder gab 60 Millionen Dollar für den Aufbau eines Videotext-Services aus, der nie Geld einbrachte und schließlich wieder eingestellt wurde. (Der unvorhergesehene Sieger war das Internet, das uns dann tatsächlich alle mit Text in Verbindung brachte.)

Lassen Sie sich nicht von Fokusgruppen verwirren

Fokusgruppen sind eines der beliebtesten und am häufigsten missbrauchten Instrumente in der Wirtschaft. Die eigene Marketingstrategie von einem Haufen wildfremder Menschen mit großer Klappe beeinflussen zu lassen, kann in einer Katastrophe enden.

Erstens wird die gesamte Vorgehensweise verzerrt. Hat sich mal jemand gefragt, woher das Wort *Fokus* kommt? Dieses Konzept wurde erstmals in den 60er Jahren angewendet, als man nach einer besseren Methode suchte, die Untersuchung eines bestimmten Themas stärker zu fokussieren. Das war allerdings nichts weiter als ein erster Schritt.

Selbst heute schaffen es viele Unternehmen noch immer nicht, zu einer quantitativen Marktforschung auf Basis repräsentativer Stichproben vorzudringen. Stattdessen agieren sie auf Basis von subjektiven Meinungen, die die Teilnehmer solcher Fokusgruppen mal eben von sich geben.

Zweitens werden unbeteiligte Zuschauer zu Marketingexperten gemacht.

Der Otto Normalverbraucher denkt wie jeder Mensch nicht allzu gründlich über Dinge nach, die jenseits von Geld, Sex, Klatsch und Körpergewicht liegen. Und er hat auch noch niemals in seinem Leben ganze zehn Minuten lang über Zahnpasta *nachgedacht*, geschweige denn die zwei Stunden, die die Teilnehmer einer Zahnpasta-Fokusgruppe gemeinsam verbringen. Und trotzdem erwartet man allen Ernstes von ihnen, dass sie sich auf einen Meinungsbildungsprozess einlassen, der weit über den normalen Denkprozess hinausgeht.

Man macht die Teilnehmer zu Marketingmanagern für einen Tag. Und natürlich sind sie gern bereit, einem zu erklären, wie man seinen Job machen sollte. Die Frage ist nur: Soll man sie lassen?

Fokusgruppen sind ein Pulverfass

Dieses Pulverfass kann jederzeit hochgehen und Sie in eine falsche Richtung katapultieren.

Befragen Sie Frauen zum Thema Kosmetik, und sie werden Stein und Bein schwören, völlig ohne Emotionen an das Thema heranzugehen. Tatsächlich werden sie Ihnen genau das erzählen, was sie glauben, dass Sie hören möchten. Bei Männern und Autos ist es dasselbe. Bitten Sie Leute, die Strategien oder die Werbung Ihres Unternehmens kritisch zu beurteilen, und sie werden gnadenlos übertreiben, was ihre Motive, ihre Bedürfnisse und ihre Auffassungen betrifft.

Fokusgruppen sind ein störrisches Barometer für Verbraucherverhalten. Als ein großer Getränkehersteller plante, ein Softdrinkkonzentrat für Kinder auf den Markt zu bringen, das in Spritzfläschchen verpackt werden sollte, bildete das Unternehmen eine Fokusgruppe und beobachtete deren Verhalten. Bei den Testsitzungen spritzten die Kinder das Konzentrat vorsichtig in die Becher, ohne etwas zu verschütten. Doch zu Hause konnten die wenigsten der kleinen Racker der Versuchung widerstehen, Boden und Wände mit der farbigen Flüssigkeit zu verschönern. Nachdem ein ganzer Berg von Beschwerden leidgeprüfter Eltern eingegangen war, wurde das Produkt schließlich wieder vom Markt genommen.

Lassen Sie sich nicht von Testmärkten in die Irre treiben

Bei der Arbeit mit Testmärkten gerät man allzu leicht in eine Zwickmühle. Testmärkte sollen eigentlich dazu dienen, die Performance eines Produkts vorherzusagen, aber die Ergebnisse können jederzeit durch unvorhergesehene Ereignisse auf diesen Märkten umgekehrt werden. Campbell Soup Company zum Beispiel hat 18 Monate auf die Entwicklung eines Mischfruchtsafts verwendet, der „Juiceworks" hieß. Bis er schließlich eingeführt wurde, waren bereits drei Konkurrenzmarken mit einem vergleichbaren Produkt in den Regalen. Campbell stellte das Produkt wieder ein.

Crystal Pepsi (eine farblose Cola) brachte es auf dem Testmarkt ziemlich schnell auf vier Prozent Marktanteil und wurde ebenso schnell von der Fachpresse als Erfolg gefeiert. Falsch. Binnen Monaten fiel das Getränk auf ein Prozent Marktanteil zurück. Was die Marketingexperten nämlich übersehen hatten, war der Neugierfaktor, der mit jeder Markteinführung einhergeht. Die Leute waren schlicht neugierig auf die farblose Cola, beschlossen dann jedoch, dass ihnen die braune Brause besser schmeckte. (Wen wundert's.)

Glauben Sie nicht alles, was man Ihnen sagt

Marktforscher versprechen gern, sie könnten Käufereinstellungen erkennen, doch sind solche Einstellungen keine verlässliche Verhaltensvorhersage. Menschen sagen oft das eine und tun dann etwas anderes. Mark Twain hat es einmal treffend formuliert: „Ich denke, wir erreichen unser wirkliches Selbst nicht, bevor wir nicht tot sind, und auch dann erst, nachdem wir es schon jahrelang gewesen sind. Die Menschen sollten damit anfangen, tot zu sein, dann könnten sie viel früher ehrlich werden."

Vor vielen Jahren gab DuPont eine Studie in Auftrag, bei der Interviewer 5.000 Frauen auf ihrem Weg in den Supermarkt fragen sollten, was sie einkaufen wollten. Hätte man sich auf die Testaussagen verlassen, wäre man ziemlich in der Klemme gewesen. Warum? Weil die Interviewer die Einkäufe der Frauen anschließend überprüften. In den einzelnen Produktkategorien hatten gerade einmal drei von zehn Frauen die Marken gekauft, von denen sie vor dem Einkauf angegeben hatten, dass sie sie kaufen würden. Die anderen sieben hatten sich spontan für ganz andere Marken entschieden.

Ein weiteres klassisches Beispiel ist die Marktforschung, die Xerox durchführte, bevor es den einfachen Papierkopierer einführte. Xerox fand heraus, dass niemand fünf Cent für eine Papierkopie ausgeben würde, wenn er für anderthalb Cent eine Thermofaxkopie bekommen könnte. Xerox ignorierte die Forschungsergebnisse, und der Rest ist Geschichte.

Schnappschüsse aus dem Gedächtnis

Was man eigentlich braucht, ist eine Momentaufnahme der *Wahrnehmungen,* die im Gedächtnis der Menschen gespeichert sind. Keine tief schürfenden Gedanken, keine Vermutungen.

Worauf es ankommt, sind die Stärken und Schwächen Ihres Unternehmens und Ihrer Konkurrenten, wie die Verbraucher sie wahrnehmen.

Unsere bevorzugte Methode ist, die wichtigsten Attribute einer Produktkategorie aufzulisten und potenzielle Käufer dann zu bitten, diese auf einer Skala von eins bis zehn zu bewerten. Dabei werden die verschiedenen Marken miteinander verglichen. Sinn und Zweck dieser Übung ist, herauszufinden, welcher Konkurrent in einer Kategorie welche Ideen oder Konzepte besetzt.

Nehmen wir beispielsweise Zahnpasta. Dieses Produkt weist vielleicht sechs Eigenschaften auf: Kariesvorbeugung, guter Geschmack, weiße Zähne, Atemfrische, natürliche Inhaltsstoffe und moderne Technologie. Crest stützt seine Marke auf Kariesprävention, Aim auf guten Geschmack, UltraBrite auf weiße Zähne und Close-Up auf Atemfrische. In letzter Zeit kam Maine mit seiner Marke Tom's und ihren natürlichen Inhaltsstoffen dazu, und Mentadent konnte sich mit der Anreicherung durch Backpulver und Peroxid-Technologie erfolgreich durchsetzen.

Jede Marke steht für ein Attribut. Der Trick besteht darin, im Voraus zu erkennen, welches Attribut man im Gedächtnis der Verbraucher besetzen will. Daher sollte Marktforschung Ihrem Unternehmen als eine Art Wegweiser in die Köpfe der Konsumenten dienen und Auskunft über die Wahrnehmung über Ihre Wettbewerber geben. (Letzteres wurde bereits im 3. Kapitel näher ausgeführt.)

Ein Wort im Gedächtnis der Verbraucher besetzen

In dem Buch *Die 22 unumstößlichen Gebote im Marketing* schrieb ich über das *Gebot der Fokussierung*. Ein Unternehmen kann unglaublich erfolgreich sein, wenn es ihm gelingt, ein Wort im Gedächtnis zu besetzen. Kein kompliziertes Wort. Kein erfundenes. Je einfacher das Wort ist, umso besser. Am besten aus dem Wörterbuch.

Darin besteht das Gebot der Fokussierung. Sie brennen sich in das Gedächtnis ein, indem Sie sich auf ein einziges Wort oder Konzept fokussieren. Das ist das ultimative Opfer im Marketing.

Federal Express schaffte es, sich mit dem Wort *overnight* zu verankern, indem es seine gesamte Produktlinie opferte und sich einzig und allein auf den „Overnight Service" fokussierte.

Man muss kein Sprachgenie sein, um einen Hit zu landen: Prego trat gegen Ragu, den Marktführer bei Spaghettisaucen, an und brachte es mit einer von Heinz geliehenen Idee auf einen Marktanteil von 16 Prozent. Pregos Wort ist *dicker*. Die wirkungsvollsten Wörter sind einfach und nutzenorientiert. Egal wie kompliziert das Produkt oder die Marktbedürfnisse sein mögen, es ist immer besser, sich auf ein Wort oder einen Nutzen zu konzentrieren statt auf mehrere. Papa John's Pizza verwendete allerdings zwei: *bessere Zutaten*.

Und dann gibt es da noch den Halo-Effekt. Hat man sich mit einem Nutzen fest etabliert, ist die Chance groß, dass die Verbraucher einem von sich aus weitere Vorteile zugestehen. Eine „dickere" Spaghettisauce gilt schnell als qualitativ überlegen, nahrhafter, reicher an gesunden Zutaten etc., ein „sichereres" Auto als überlegen in Technik und Design.

Ganz gleich, ob dahinter gezielte Planung steckt oder nicht, sind die erfolgreichsten Unternehmen (oder Marken) diejenigen, die im Gedächtnis der Verbraucher ein Wort besetzen. Hier einige Beispiele:

Crest	Kariesprophylaxe
Mercedes	Ingenieurskunst
BMW	Freude am Fahren
Volvo	Sicherheit
Red Bull	Energy Drink
Pepsi-Cola	Jugend
Nordstrom	Service

Wörter können in unterschiedlichen Variationen vorkommen. Sie beziehen sich auf den Nutzen (Kariesprävention), auf den Service (Zustelldienst), auf die Zielgruppe (junge Leute) oder auf den Verkauf (beliebteste Marke). Vor allem aber müssen sie einfach sein. Und das bringt mich auf eines meiner Lieblingsärgernisse.

Komplexe Sprache ist verwirrend

Mark Twain riet einem jungen Freund einst in einem Brief: „Mir fiel auf, dass Sie eine klare, einfache Sprache und kurze Sätze verwenden. Das ist die beste Form, Englisch zu schreiben. Sie ist zeitgemäß und der beste Schreibstil. Bleiben Sie dabei."

Strategie heißt Einfachheit

Wenn in der Wirtschaft doch nur mehr Menschen wie Mark Twain dächten!

Als Shakespeare Hamlet schrieb, konnte er auf einen Wortschatz von 20.000 Wörtern zurückgreifen. Als Lincoln seine Gettysburg-Ansprache auf der Rückseite eines Briefumschlags entwarf, verfügte er über einen Wortschatz von schätzungsweise 114.000 Wörtern. Heute weist *Webster's Dictionary* über 600.000 Worteinträge auf. Tom Clancy scheint sie in seinem letzten 1.000-Seiten-Roman alle verwendet zu haben.

Die Sprache wird immer komplizierter. Entsprechend sollte man einige der neuen und eher unverständlichen Wörter tunlichst vermeiden. Was wäre das Ergebnis gewesen, hätte man einige berühmte Werbeslogans hochtrabend und apart formuliert? Hier sind einige Beispiele, wie einfache Aussagen verkompliziert werden können:

- Eine glänzende Hülle vermisst oft Profundität. (*Der Schein trügt.*)
- Lebensmittel, die dem Inhaber eines Agrarbetriebes unbekannt sind, nimmt er nicht zu sich. (*Was der Bauer nicht kennt, isst er nicht.*)
- Es ist wenig effektiv, einen Caniden fortgeschrittenen Alters innovative Manöver lehren zu wollen. (*Einem alten Hund bringt man keine neuen Tricks mehr bei.*)
- Sichtbare Ausdünstungen, die aus kohlehaltigen Materialien aufsteigen, können Vorboten einer drohenden Feuersbrunst sein. (*Wo Rauch ist, ist auch Feuer.*)
- Eine revolvierende lithogene Masse bietet keine Oberflächenhaftung für Ansammlungen von Bryophyten. (*Ein rollender Stein setzt kein Moos an.*)

Die Beispiele dürften genügen, um zu demonstrieren, dass guter Schreib- oder Sprachstil nicht verwirrend sein darf. Er muss klar und verständlich sein, und je kürzer die Sätze, umso besser.

Die Wirtschaft hat ihren spezifischen Jargon

Als ob all die neuen Ausdrücke noch nicht schlimm genug wären, erfinden Manager auch noch ihren eigenen Jargon. Wie das dann aussieht, zeigt uns folgendes Zitat eines Futuristen und Managementgurus: „Manager haben erkannt, dass Veränderung in multiplen Erscheinungsformen vonstatten gehen kann. Eine davon nenne ich die ‚Paradigmenerweiterung', bei der die Botschaft von der Gesamtqualität und dem kontinuierlichen Streben nach Verbesserung im Vordergrund steht. Eine andere ist die radikale Veränderung – oder der Paradigmenwechsel –, die sich von allen anderen Veränderungsformen grundlegend unterscheidet."

Fortune („Jargon Watch", 3. Februar 1997) berichtete über Better Communications, ein Unternehmen in Lexington, Massachusetts, das Mitarbeiter in schriftlichem Ausdruck schult. Und zwar wurden aus den Fortune-500-Unternehmen einige Stilblüten des Managementjargons zusammengetragen, die passenderweise als „Memos aus der Hölle" bezeichnet wurden:

- Top-Manager antizipieren diese Vision. (*Die Bosse denken über die nächste Woche hinaus.*)
- Mehrwert ist der Schlüssel zu exponentiell ansteigenden Profitabilitätskurven. (*Lasst uns mehr Umsatz und Gewinn machen, indem wir den Kunden mehr von dem bieten, was sie wollen.*)
- Wir müssen die Managementinitiativen dimensionalisieren. (*Wir sollten zusammen einen Plan machen.*)
- Wir nutzten die konzertierte, funktionsübergreifende Expertise. (*Leute aus verschiedenen Abteilungen redeten miteinander.*)
- Man darf die Anreizprogramme für die Mitarbeiter nicht angreifen. (*Hände weg von den Gehältern.*)
- Ihre Stelle wird bis auf Weiteres als „erhalten" ausgewiesen. (*Noch sind Sie nicht entlassen.*)

Warum reden Geschäftsleute so geheimnisvoll über Dinge wie *Kernkompetenzen* (was wir wirklich gut können), *Empowerment* (Aufgaben delegieren) oder *Paradigmen* (wie wir etwas tun)? Mittlerweile hat der Managementjargon ein solches Ausmaß angenommen, dass Eileen Shapiro, die Autorin des Buches *Trendsurfen in der Chefetage,* ein Wörterbuch der neuen Wirtschaftsausdrücke veröffentlichte, und das *Wall Street Journal* (8. Juni 1998) von einem neuen Sport, dem *Trendwort-Bingo*, spricht. Dabei bekommen die Mitarbeiter Punkte für alle Jargonausdrücke und Worthülsen, die ihre Chefs in Sitzungen von sich geben. (*deliverables, net net* und *impactfulness*[2] bringen reichlich Punkte.)

Uns drängt sich der Verdacht auf, die Leute in den Vorstandsetagen drücken sich deshalb so abgehoben aus, weil sie möglichst klug, kompliziert und wichtig klingen wollen. Allerdings erreichen sie damit bestenfalls, dass niemand sie versteht. Was aber kann ein Manager tun, um Komplexität zu vermeiden? Nun, da gibt es Hilfe.

Dr. Rudolf Flesch hat einen Ein-Mann-Kreuzzug gegen die Geschwollenheit und Unverständlichkeit der geschriebenen Sprache geführt. (Von ihm stammt unter anderem das Buch *Besser schreiben, sprechen, denken*). Er war einer der Ersten, der die Auffassung vertrat, dass Manager, die so schreiben, wie sie sprechen, einfach besser schreiben.

Flesch würde zum Beispiel auf einen Brief wie folgt antworten: „Danke für Ihre Anregungen, Jack. Ich werde darüber nachdenken und mich so bald wie möglich bei Ihnen melden." Das Gegenteil dazu wäre: „Wir bestätigen den Erhalt Ihrer Ausführungen mit Datum von heute und werden Ihnen unsere Erkenntnisse dazu mitteilen, sobald wir uns eingehend mit dem Thema befasst haben."

Wir sollten uns einer einfachen, direkten Sprache bedienen und Modewörter beim Sprechen und Schreiben vermeiden.

Einfachheit ist gut für das Ohr

Hinzu kommt, dass Einfachheit das Zuhören fördert. Überwältigt vom ununterbrochenen Geplapper fällt das Zuhören immer schwerer. Umfragen haben ergeben, dass Menschen sich normalerweise nur an 20 Prozent dessen erinnern, was sie in den letzten Tagen gehört haben.

---

[2] Worthülsen, sinng. „lieferbare Waren, netto-netto, Wirkhaftigkeit", *Anm. d. Ü.*

Strategie heißt Einfachheit

In einem am 10. Juli 1997 erschienenen Artikel stellt das *Wall Street Journal* fest, wir seien zu einer Nation von Plappermäulern geworden, in der niemand mehr hinhöre. Jeder warte nur noch auf die Gelegenheit, selbst etwas zu sagen. Und damit nicht genug, laut diesem Artikel arbeitet auch die menschliche Biologie gegen die Fähigkeit des aufmerksamen Zuhörens. Die meisten Menschen sprechen mit einer Geschwindigkeit von 120 bis 150 Wörtern pro Minute, aber das Gehirn kann in derselben Zeit problemlos 500 Wörter verarbeiten. Es hat also jede Menge Zeit, zwischendurch abzuschweifen. Hat man es nun auch noch mit einem Sprecher zu tun, der sich komplex und verwirrend ausdrückt, braucht es schon einen heldenhaften Willensakt, um bei der Sache zu bleiben statt einfach so zu tun, als höre man zu.

Meetings und Präsentationen, die nicht einfach und fokussiert sind, sind nichts als Zeit- und Geldverschwendung. Sie vermitteln nichts, weil das Publikum abschaltet. Und das wiederum kann sehr teuer werden.

Eine wahre Geschichte

Vor vielen Jahren kam ich mit einem Kollegen zusammen aus einer einstündigen Sitzung, in deren Verlauf eine Designagentur ihre Entwürfe für ein neues Logo vorgestellt hatte, in das mehrere Millionen Dollar investiert werden sollte. Wie gewöhnlich hatten die Referenten Ausdrücke wie *Modalität* und *Paradigmen* benutzt und hie und da vage Anspielungen auf *Farbpräferenzen* gemacht. Die ganze Präsentation ächzte unter der Last obskurer und komplexer Konzepte. Da ich hierarchisch einen ziemlich niedrigen Rang bekleidete, gestand ich meinem Kollegen freimütig, dass ich von dem Vortrag recht verwirrt wäre, und bat ihn, mir in seinen Worten eine kurze Zusammenfassung zu geben. Da lächelte er erleichtert und verriet mir, er hätte ebenfalls kein Wort verstanden, hätte es aber vorher nicht offen zugeben wollen, um nicht als Dummkopf dazustehen. Das Unternehmen vergeudete Millionen von Dollar für die Neugestaltung eines Logos, an dem nichts auszusetzen war, weil niemand den Mut gehabt hatte, bei der Präsentation um eine verständlichere Ausdrucksweise zu bitten. Hätte sich jemand

Strategie heißt Einfachheit

getraut, wären die Repräsentanten der Designagentur wahrscheinlich ausgelacht und nach Hause geschickt worden.

Die Moral von der Geschichte ist, dass man verwirrende Formulierungen oder unverständliche Konzepte nicht widerspruchslos hinnehmen sollte. Tut man es doch, können teure Fehler die Konsequenz sein. Wenn Sie in einer Präsentation sitzen, bitten Sie die Referenten, ihren mysteriösen Wortsalat in verständliche Sprache zu übersetzen. Haben Sie keine Angst davor zu sagen: „Das verstehe ich nicht." Intellektuelle Arroganz ist nicht tolerierbar.

Seien Sie Ihren ersten Eindrücken gegenüber nicht misstrauisch, denn sie sind häufig die richtigen. Wir sollten unseren Instinkten nicht aus lauter Angst davor misstrauen, dumm zu wirken. Vielfach können sich gerade die besonders naiv anmutenden Fragen als ausgesprochen sinnvoll erweisen. Überlassen wir einem Zitat aus Peter Druckers *The Effective Executive* die abschließende Worte zur einfachen Sprache:

Eine der degenerativsten Tendenzen in den letzten vierzig Jahren ist der Glaube, wer verständlich sei, sei gewöhnlich. Als ich aufwuchs, nahm man es für selbstverständlich, dass Ökonomen, Ärzte und Psychologen, mithin die führenden Köpfe in jeder Disziplin, sich verständlich ausdrückten. Einstein hat Jahre mit drei verschiedenen Mitarbeitern verbracht, um seine Relativitätstheorie für den Laien verständlich zu machen. Sogar John Maynard Keynes setzte alles daran, seine Wirtschaftstheorie so zu formulieren, dass sie für alle verständlich war. Kürzlich jedoch hörte ich, wie ein erfahrener Gelehrter die Arbeit eines jüngeren Kollegen abwies, weil mehr als fünf Menschen verstehen konnten, was er meinte, und zwar buchstäblich.

FAZIT

Große strategische Ideen kommen fast immer in unscheinbaren Worten daher.

7. Kapitel
Strategie heißt Führung

Die Rolle des CEOs besteht darin, das Unternehmen in die richtige Richtung zu führen. Das ist ein Punkt, auf den ich im letzten Kapitel vieler meiner Bücher immer wieder hinweise. Strategie, Vision und Mission eines Unternehmens hängen von der simplen Voraussetzung ab, dass es weiß, wo es hin will. Niemand kann jemandem folgen, der selbst nicht weiß, welche Richtung er einschlagen soll. Vor vielen Jahren kamen Laurence Peter und Raymond Hull in ihrem Buch *Das Peter-Prinzip oder die Hierarchie der Unfähigen* auf folgende Beobachtung:

> *Heutzutage sind die meisten Hierarchien so sehr von Regeln, Traditionen und Gesetzen eingeengt, dass selbst leitende Mitarbeiter niemanden mehr in dem Sinne führen können, dass sie Richtung und Geschwindigkeit vorgeben. Sie beschränken sich darauf, den Platz ihrer Vorgänger einzunehmen, sich an die Vorschriften zu halten und in erster Reihe zu marschieren. Damit sind sie eigentlich nichts anderes als Galionsfiguren.*

Vielleicht ist diese pessimistische Betrachtungsweise der Führungsqualitäten schuld daran, dass die Fachliteratur über Unternehmensführung regelrecht explodiert ist (und deren größter Teil schlicht Blödsinn ist). Da gibt es Ratschläge, an wem man sich orientieren sollte (Attila dem Hunnenkönig), was man erreichen sollte (inneren Frieden), was man lernen sollte (Scheitern), wonach man streben sollte (Charisma), ob man delegieren sollte (manchmal), ob man mit anderen zusammenarbeiten sollte (vielleicht), wer Amerikas heimliche Führungskräfte sind (die Frauen), welche persönlichen Qualitäten eine Führungskraft braucht (Integrität), wie man glaubwürdig wird (indem man glaubwürdig ist), wie man eine authentische Führungskraft ist (indem man seine „innere Führungskraft" findet) und welches die neuen natürlichen Gesetze der

Unternehmensführung sind (fragen Sie lieber nicht!). Es gibt sage und schreibe 3.098 Bücher, in deren Titel das Wort *Führung* vorkommt.

Unserer Meinung nach ist das Thema „effektive Führung" kein ganzes Buch wert. Drucker beschreibt es in wenigen Sätzen: „Die Basis effektiver Führung besteht darin, gründlich über die Unternehmensmission nachzudenken, sie zu definieren und klar und deutlich umzusetzen. Der Unternehmensführer setzt die Ziele, die Prioritäten und gibt die Standards vor."

Gehen Sie an die Front

Die erste Frage lautet: Wie findet man die richtige Richtung? Um ein herausragender Stratege zu werden, muss man das Ohr ganz nahe am Markt haben. Man muss dafür mit den Verbrauchern und den Mitarbeitern an der Basis auf Tuchfühlung gehen. Ihre Inspiration finden Sie an der Front, in Hin und Her des Marketingkriegs, der im Gedächtnis der Konsumenten stattfindet.

Sam Walton, der diesbezüglich anspruchslos war, hat sich immer wieder ins Getümmel seiner Supermärkte gestürzt. Er ging sogar mitten in der Nacht zu den Verladeplätzen, um sich mit den Arbeitern zu unterhalten. Im Gegensatz zu „Mister Sam" halten viele Top-Manager eher wenig davon, mit den Menschen vor Ort Kontakt zu suchen. Und je größer ein Unternehmen ist, umso größer ist die Wahrscheinlichkeit, dass seine Führungskräfte jeglichen Bezug zur Basis verloren haben. Das ist wahrscheinlich der wichtigste Faktor, der gegen uneingeschränktes Firmenwachstum spricht.

Alle andere Faktoren sprechen eher für Größe. Marketing ist Krieg, und das Grundprinzip der Kriegsführung ist Macht. Die größere Armee, das größere Unternehmen ist im Vorteil. Allerdings büßt es einiges von seinem Größenvorteil ein, wenn es ihm nicht gelingt, sich auf die Marketingschlacht zu konzentrieren, die in den Köpfen der Verbraucher stattfindet.

Strategie heißt Führung

Das Duell zwischen Roger Smith und Ross Perot bei General Motors hat dies sehr schön illustriert. Als Ross Perot im GM-Vorstand saß, hat er seine Wochenenden damit verbracht, Autos zu kaufen. Und er kritisierte Roger Smith heftig dafür, dass er es ihm nicht gleichtat.

„Wir müssen das GM-System in die Luft jagen", sagte Perot. Er war ein Verfechter dafür, eine Bombe auf alle beheizten Garagen, Limousinen mit Chauffeur und Speisesäle für Führungskräfte zu werfen.

Limousinen mit Chauffeur für die Manager eines Unternehmens, das Autos verkaufen will? Der fehlende Bezug des Topmanagements zum Markt ist das größte Problem in der Wirtschaft.

Wie erhält ein viel beschäftigter CEO objektive Informationen über das tatsächliche Geschehen? Wie bringt er das mittlere Management dazu, ihm nicht nur das mitzuteilen, was er nach dessen Meinung hören möchte? Wie kann er alle Nachrichten erhalten, die guten wie die schlechten?

Dringen schlechte Nachrichten nicht direkt zu ihm durch, werden schlechte Ideen florieren statt rechtzeitig im Keim erstickt zu werden. Nehmen wir einmal folgende Parabel:

Der Plan

Am Anfang war der Plan.
Und dann kamen die Annahmen.
Und die Annahmen waren ohne jede Form.
Und der Plan war ohne jede Substanz.

Die Arbeiter

Und die Dunkelheit warf Schatten auf die Gesichter der Arbeiter,
als sie gingen und zu ihrem Gruppenleiter sprachen:
„Das ist ein Haufen Scheiße, der stinkt."

Die Gruppenleiter

*Und die Gruppenleiter gingen hin zu ihren
Abteilungsleitern und sprachen:
„Da ist ein Haufen Dung, und niemand erträgt
den Geruch, der von ihm ausgeht."*

Die Abteilungsleiter

*Und die Abteilungsleiter gingen hin zu
ihren Managern und sprachen:
„Da ist ein Container voller Exkremente. Und sie riechen sehr stark.
So stark, dass keiner die Nähe dazu ertragen kann."*

Die Manager

*Und die Manager gingen zu ihrem Direktor
und sprachen zu ihm:
„Da ist ein großes Behältnis mit Düngemittel. Und niemand
kann dessen Stärke aushalten."*

Der Direktor

*Und der Direktor ging zum Vice President
und sprach zu ihm:
„Es fördert das Wachstum und ist sehr stark."*

Der Vice President

*Und der Vice President ging zum President und sprach zu ihm:
„Dieser starke neue Plan wird aktiv zum Wachstum
und zur Effizienz des Unternehmens beitragen."*

Die Unternehmenspolitik

*Und der President betrachtete den Plan und sah,
dass es ein guter Plan war. Und so wurde der Plan zur
Unternehmenspolitik.*

Gesucht: Ehrliche Meinungen

Ein möglicher Weg, herauszufinden, was tatsächlich passiert, ist, „verdeckt zu ermitteln" oder unangemeldet irgendwo aufzutauchen. Diese Methode kann besonders auf der Vertriebs- oder Einzelhandelsebene nützlich sein. Sie entspricht dem König, der sich als Bürger verkleidet und sich inkognito unter das Volk mischt. Warum? Um ehrliche Meinungen zu hören. Wie Könige erfahren auch Top Manager selten, was ihre Mitarbeiter wirklich denken. Dafür gibt es einfach zu viele Intrigen bei Hof wie in den Chefetagen.

Dem Außendienst, so er vorhanden ist, kommt hier eine besondere Bedeutung zu. Wie erhält man von ihnen eine treffende und aufrichtige Einschätzung der Konkurrenz? Am besten, indem man ungeschminkte Meinungen fördert. Sobald sich herumgesprochen hat, dass ein CEO Offenheit schätzt, wird man ihm immer mehr wichtige Informationen zutragen.

Gesucht: Führungspersönlichkeiten

Der beste Manager weiß, dass Richtung allein nicht ausreicht. Die besten Manager können die Story ihres Unternehmens verkaufen, sie sind Anfeuerer und Moderatoren. Sie können ihre Vision und ihr Gespür für die richtige Richtung durch Wort und Tat erlebbar machen.

Die Fluggesellschaften gab es nie einen brillanteren Manager als Herb Kelleher, den Ex-CEO von Southwest Airlines. Er wurde der König der Kurzstrecken-Billigfluglinien. Jahr für Jahr stand seine Airline in sämtlichen Listen der „meistbewunderten" und „profitabelsten" Unternehmen.

Wer schon einmal mit Southwest geflogen ist, wird sich wahrscheinlich an die unglaubliche Einstellung und den Enthusiasmus, der die Mitarbeiter prägt, erinnern. Sie haben einen ganz eigenen Humor, der, wie es ein Passagier einmal ausdrückte, „das Fliegen mit diesen Viehtransportern richtig unterhaltsam macht."

Und wer Kelleher kennt, weiß, dass die Markenpersönlichkeit der Airline *seiner eigenen Persönlichkeit* entspricht. Er ist ein begnadeter Cheerleader, der seine Flugzeuge stets in Bewegung und die Moral hoch hielt. Er stand einfach dahinter.

Er kannte seine Leute und sein Geschäft. Bei einem Treffen mit Kelleher schlug ich ihm vor, einen der Ostküsten-Shuttledienste zu kaufen, der gerade zum Verkauf angeboten wurde. Damit wäre Southwest schlagartig zu einem der größten Shuttleanbieter an der Ostküste geworden. Er dachte eine Minute nach und sagte: „Ich hätte bestimmt gern ihre Start- und Landerechte in New York, Washington und Boston. Aber ich will auf keinen Fall ihre Flugzeuge haben, und vor allem nicht ihre Leute."

Damit lag er wohl vollkommen richtig. Die Belegschaft an der Ostküste anzufeuern, wäre ein Ding der Unmöglichkeit gewesen. Außerdem weist Kelleher noch ein weiteres Merkmal eines erfolgreichen Managers auf, nämlich die buchstäbliche Personifizierung der Unternehmensidee. In den großen Tagen der Chase Manhattan Bank war immer wieder davon zu lesen, dass der damalige Vorsitzende David Rockefeller ausländische Staatsoberhäupter besuchte. De facto wurde er damit selbst zum heimlichen Staatsoberhaupt. In seinen besten Zeiten personifizierte Lee Iacocca Chrysler. Heute personifiziert Bill Gates Microsoft. Er sieht aus wie ein Computerfreak, spricht wie ein Computerfreak und wohnt in einem Haus, wie es sich nur ein Computerfreak bauen würde.

Eine sichtbare Führungspersönlichkeit ist eine äußerst schlagkräftige Waffe im Kampf um Kunden und Umsätze. Sie ist für ein Unternehmen die beste Referenz. Die Truppen folgen einer solchen Führungskraft voller Stolz in die Schlacht. Sie vertrauen ihr instinktiv. Ohne Vertrauen keine Gefolgschaft. Und ohne Gefolgschaft gibt es nichts zu führen.

Es geht nicht um Zahlen

Wer von Zahlen getrieben ist, kann an Zahlen sterben. CEOs, die ihre Aufgabe ausschließlich darin sehen, ihre Mannschaft auf die Erfüllung von Umsatzprognosen zu drillen, riskieren damit nicht nur ihren eigenen Job, sondern auch die Gesundheit ihrer Unternehmen. Nichts illustriert das besser als die traurige Geschichte von Richard McGinn. Er war CEO von Lucent Technologies und verwandelte den früheren Zulieferzweig von AT&T in einen Wall-Street-Star, indem er die Umsätze zweistellig in die Höhe trieb.

Aber niemand kann immer nur wachsen, und 2000 verfehlte Lucent zweimal sein Umsatzziel. Nun stand der Vertrieb unter Druck. McGinns Botschaft lautete, um jeden Preis Abschlüsse zu erzielen. Der Presse zufolge versprach das Unternehmen seinen Kunden zahlreiche Vergünstigungen, Einmal-Kredite und andere Kaufanreize, die natürlich zu Lasten der Umsätze gingen. Als das Unternehmen ein weiteres Mal sein Ziel verfehlte, brach die Hölle los und McGinn musste seinen Hut nehmen. Die Kurse stürzten ins Bodenlose, und die Zukunft von Lucent stand in den Sternen. Wie gesagt: Wenn man sich zu sehr auf Zahlen fixiert, kann man an ihnen ersticken.

Verfolgt man dagegen die richtige Strategie, folgen die Zahlen ganz von allein.

Es geht um Wahrnehmung

Wenn dieses Buch eine Lektion bietet, dann diese: Ob Strategien Erfolg haben oder scheitern, entscheiden die Verbraucher und ihre Wahrnehmung der Probleme und Chancen, die der Markt bietet. Man muss begreifen, dass das Urteil über Erfolg oder Misserfolg in den Köpfen der Verbraucher gefällt wird.

Lassen Sie sich nicht von glanzvollen Präsentationen verführen, in denen Manager eloquent beschreiben, wie ihre Produkte noch besser, ihre

Vertriebswege noch effizienter und ihre Außendienste noch erfolgreicher werden. Vielmehr sollte man sich auf das konzentrieren, was im Gedächtnis der Kunden abläuft. Wahrnehmungen sind schwer zu beeinflussen und lassen sich kaum oder gar nicht ändern. Und sollte Ihnen ein Manager weismachen wollen, er könne es doch, dann glauben Sie ihm besser nicht. Je besser Sie die Kunden verstehen, umso geringer ist die Wahrscheinlichkeit, dass Ihr Unternehmen ins Trudeln gerät.

Ich habe einmal einen der ehemaligen CEOs von General Motors gefragt, ob er sich jemals Gedanken über die stetig wachsende Modellvielfalt gemacht hat, die letztlich die Bedeutung der Marke ruiniert hat (dieser CEO hatte einen ausgeprägt finanzorientierten Background und bis dahin wenig Berührung mit Marketing gehabt).

Auf meine Frage hin wurde er zunächst nachdenklich und sagte dann: „Nein, aber ich erinnere mich, dass ich damals dachte, wie unübersichtlich das Ganze doch war." Seine Sorge war durchaus berechtigt gewesen, nur hat er nicht nach seinem Gefühl gehandelt. Er war davon ausgegangen, die Manager wüssten schon, was sie täten. Wie sich herausstellen sollte, hatte er sich geirrt. Bis man bei GM den Fehler erkannte, vergingen Jahre. Aufgrund des intensiven Wettbewerbs rächen sich Fehler heute binnen Monaten und nicht mehr binnen Jahren. Marketing ist daher viel zu wichtig, als dass man es der mittleren Führungsebene überlassen darf. Will ein Unternehmen überleben, muss dessen CEO die Verantwortung für alle Marktaktivitäten übernehmen. Immerhin setzt er damit auch seinen eigenen Job aufs Spiel.

Genau das sagte ich einmal dem Verantwortlichen einer sehr großen Sparte eines sehr großen Unternehmens. Zwar räumte er dem Engagement auf höchster Führungsebene eine hohe Bedeutung ein, äußerte aber gleichzeitig die Befürchtung, das könne zu einer Beschneidung der Kompetenzen auf mittlerer Führungsebene führen. Nun, solche Befürchtungen sollte man besser beiseite schieben, wenn man sich Probleme ersparen will.

Es geht um langfristige Perspektiven

Gehen wir einmal davon aus, dass Sie sich auf Ihre Mitbewerber konzentriert haben und deren Stärken und Schwächen kennen. Gehen wir weiterhin davon aus, dass Sie ein Attribut oder die eine Idee gefunden haben, die im Gedächtnis der Kunden funktioniert. Sie haben Ihre gesamte Kraft in die Entwicklung einer kohärenten Strategie gesteckt, mit der sich die Idee umsetzen lässt. Und Sie sind bereit, die notwendigen internen Veränderungen vorzunehmen, um die externen Chancen optimal zu nutzen. Das ist das, was man gemeinhin unter *Ausführung* versteht.

Nun müssen Sie der Strategie Zeit geben, Wirkung zu entfalten. Die Entwicklung von Marketinginitiativen braucht Zeit. Sie müssen fest entschlossen sein, dem Druck der Wall Street, des Aufsichtsrats und Ihrer Mitarbeiter zu widerstehen und den eingeschlagenen Kurs konsequent verfolgen. Ein gutes Beispiel dafür hat Lotus Development Corporation geliefert, der Erfinder der computergestützten Tabellenkalkulation für den PC.

Lotus wurde von Microsoft und dessen Tabellenkalkulationsprogramm Excel überrollt. Da Microsoft als Erster mit Windows auf den Markt gekommen war und Lotus zu spät mit einer eigenen Windows-Version für seine Tabellenkalkulation hinterher kam, steckte das Unternehmen in ernsten Schwierigkeiten. Jim Manzi, der damalige CEO von Lotus, beschloss, das Schlachtfeld zu verlegen. Für ihn lag die Zukunft der Marke in der *Groupware* (Software, die speziell auf Anwendergruppen beziehungsweise Netzwerke und nicht auf Einzelanwender zugeschnitten war). Lotus war ohnehin gerade im Frühstadium der Entwicklung eines Groupware-Produkts, das sich „Notes" nannte und zur ersten erfolgreichen Groupware überhaupt wurde. Im Rahmen des von Manzi initiierten Ausbaus der Bereiche Notes und Groupware verlagerte das Unternehmen seinen Fokus auf diese Gebiete.

Am Ball bleiben ist alles

Lotus dahin zu bringen, wo es heute steht, erforderte einen enormen Kraftakt. Als man Jim Manzi fragte, wie er es bewerkstelligt hatte, den Fokus des Unternehmens zu verlagern, beschrieb er es als einen „brutalen Prozess". Hier die Geschichte, die er mir mit eigenen Worten wie folgt erzählt hat:

Die Tabellenkalkulation war das Gravitationszentrum von Lotus. Sie machte 70 Prozent unseres Geschäfts aus und war damit sozusagen unser „Großrechner-Geschäft". Dann aber torpedierten Microsoft und Windows unsere Zukunftsperspektiven. Zu Beginn der 90er Jahre erkannte ich, dass unsere Zukunft in „Notes" lag. Leider war längst nicht jeder im Konzern meiner Meinung. Viele wollten an der Tabellenkalkulation festhalten. In einer besonders schwierigen Phase verließen zwölf Vice Presidents das Unternehmen. Sie teilten meine Zukunftsvision einfach nicht.

Natürlich entgingen dem Aufsichtsrat weder diese Konflikte noch die fortwährenden Investitionen in das neue Produkt. Um das Gremium von Notes zu überzeugen, musste ich dieselbe Geschichte wieder und wieder erzählen, die Zukunftsperspektive konsequent verfolgen und mir innerhalb wie außerhalb des Unternehmens Verbündete suchen. Hat der Aufsichtsrat nämlich erst einmal das Vertrauen in Ihre Zukunftsvision verloren, potenzieren sich Ihre Probleme. Glücklicherweise wurden die Zahlen besser, und die Zweifler und ihr Missbehagen über die Investitionen, die sich auf annähernd 500 Millionen Dollar beliefen, wurden weniger.

Manzi wusste jedenfalls genau, was er tat, und die Geschichte hatte ein Happyend. IBM kaufte das Unternehmen für 3,5 Milliarden Dollar und machte Lotus zum Eckpfeiler seines Geschäftsfelds Unternehmenssoftware. Lotus hatte in großen Schwierigkeiten gesteckt, konnte sich aber durch eine kühne, langfristig angelegte Strategie vor einem fatalen Ende retten. Manzis Erfahrung beweist, wie sehr Strategie mit Führung zu tun hat.

Führungspersönlichkeiten sind gute Generäle

Wer sich im Krieg befindet, sollte sich die Qualitäten guter Generäle zu Eigen machen.

- *Sie brauchen Flexibilität.* Flexibel zu sein bedeutet, seine Strategie der jeweiligen Situation anzupassen, und nicht umgekehrt. Ein guter General ist genauso voreingenommen wie jeder andere Mensch auch, dennoch wird er vor einer Entscheidung alle Alternativen und Blickwinkel prüfen.
- *Sie brauchen mentale Courage.* An einem bestimmten Punkt muss man einfach aufhören, das Für und Wider abzuwägen, und eine Entscheidung treffen. Ein guter General verfügt über die nötige Willenskraft und mentale Courage, um sich notfalls auch gegen andere durchzusetzen.
- *Sie müssen kühn sein.* Ist der richtige Zeitpunkt gekommen, muss man schnell und entschlossen handeln. Kühnheit ist eine besonders wertvolle Eigenschaft, wenn die Strömung gerade günstig ist. Das ist der Moment, in dem der Mut zum Handeln die größte Wirkung entfaltet. Hüten Sie sich jedoch vor Menschen, die besonders draufgängerisch werden, wenn sich das Blatt gegen sie wendet.
- *Sie sollten die Fakten kennen.* Ein guter General entwickelt seine Strategie von der Basis aus und beginnt mit den Details. So wird daraus eine einfache, aber wirkungsvolle Strategie.
- *Sie brauchen Glück.* Glück kann für den Erfolg eine große Rolle spielen, vorausgesetzt man weiß es zu nutzen. Und sollte einen das Glück verlassen, muss man darauf vorbereitet sein, die Verluste möglichst gering zu halten. „Kapitulation ist keine Schande", sagte Clausewitz. „Ein guter General opfert ebenso wenig seine gesamten Truppen bis zum letzten Mann, wie ein Schachspieler ein Spiel fortsetzen würde, das offensichtlich verloren ist."

Da kann ich nur sagen: Amen.

Trotz Designeranzügen, Luxuswagen und Firmenjets darf man nicht vergessen, dass Führungskräfte gewöhnliche Menschen sind. Und weil sie eben auch nur Menschen sind, lassen sie sich von Macht, Geld und Eitelkeit verführen. Die Wall Street mit ihrem Sirenengesang von Wachstum, Prestige und Ruhm ist dazu angetan, Manager den Bezug zur Markt- und Unternehmensrealität verlieren zu lassen.

Ein perfektes Beispiel

Sollte ich den Namen eines Managers als Vorbild nennen, würde ich James D. Sinegal von Costco wählen. Sein Unternehmen gilt als das einzige, das Wal-Mart fürchten muss – und zwar aus gutem Grund. Denn niemand betreibt Warenhaus-Clubs besser als Costco. Da braucht man nur einen Blick auf die Zahlen zu werfen. Der zum Wal-Mart-Konzern gehörende Sam's Club betreibt 70 Prozent mehr Verkaufsstellen als Costco, und dennoch erzielt Costco weitaus höhere Umsätze als Wal-Mart (34,4 versus 32,9 Milliarden Dollar). Damit macht der durchschnittliche Costco-Markt fast doppelt so viel Umsatz wie ein Wal-Mart-Markt (112 versus 63 Millionen Dollar). Wie schafft Sinegal das?

Zum einen verfolgt er die Strategie, hochwertige Produkte zu Niedrigstpreisen anzubieten. Außerdem richtet er sich an anspruchsvolle Stadtbewohner, die bereit sind, für aufregende Produkte viel Geld auszugeben, und dafür bei den austauschbaren Produkten des täglichen Bedarfs zu günstigen Handelsmarken greifen. Wal-Mart hingegen setzt undifferenziert auf den Massenmarkt der Mittelklasse.

Zum anderen lässt Sinegal sich sein Geschäft nicht von der Wall Street diktieren. Kürzlich zitierte ihn *Fortune* in dem Artikel „The Only Company Wal-Mart Fears" von John Helyan (24. November 2003) mit den Worten: „Börsenkurse sind mir nicht gleichgültig. Aber wir riskieren für ein Quartalsergebnis nicht Dinge, die langfristig das Gefüge unseres Unternehmens oder das, wofür wir stehen, zerstören."

Und nicht zuletzt hat er sich das Wohlwollen seiner Mitarbeiter erworben, indem er seine eigenen Bezüge limitierte (350.000 Dollar) und sich während der letzten drei Jahre keine Boni auszahlte. Er hält sein Gehalt konstant auf einem Level, das dem Doppelten eines Costco-Ladenmanagers entspricht. (Ist das nicht erfrischend?)

Die Moral von der Geschichte ist, dass die Qualität der Führung die Quantität der Ressourcen ausstechen kann. Oder wie ein Costco-Direktor im besagten *Fortune*-Artikel zitiert wird: „Der Unterschied zwischen Sam's und Costco besteht darin, dass wir unseren Sam Walton noch haben, Wal-Mart aber nicht."

FAZIT

Es folgt Ihnen keiner, wenn Sie nicht wissen, wohin Sie wollen.

8. Kapitel
Jede Strategie braucht einen Realitätsbezug

Während der letzten zehn Jahre konnten wir einige von Amerikas Unternehmensikonen in Schwierigkeiten und sogar scheitern sehen. Polaroid, AT&T, Xerox, Levi Strauss, Enron, Lucent und viele andere mutierten von Helden zu Bettlern. Sie alle waren reiche Unternehmen, die große Talente vorzuweisen hatten, umgeben von Beratern waren und von der Wall Street umworben wurden. Ihre Führungskräfte verdienten Millionen im Jahr und wurden von den Medien in den Himmel gelobt. Diese Unternehmen sind die traurigen Helden meines Buches *Große Marken in Gefahr*. Die Strategielektion, die sie alle schmerzhaft erfahren mussten, lässt sich in einem Satz zusammenfassen: Sie verloren den Bezug zur Realität des Marktes.

Die Wachstumsfalle

Meiner Einschätzung nach sind viele strategische Fehler direkt auf die Wall Street zurückzuführen. Sie schafft ein Umfeld, das schlimme und bisweilen unwiderrufliche Entwicklungen begünstigt. Man könnte beinahe sagen, die Wall Street sei eine Brutstätte für gravierende Probleme. Und wie in einer Brutstätte geht es auch an der Börse ausschließlich um eines – *Wachstum*. In vielen Unternehmen steht zu Beginn einer ruinösen Entwicklung der Wunsch nach Wachstum. Dabei ist Wachstum per se etwas, das sich von allein einstellt, wenn man die richtigen Dinge macht. Wachstum darf aber nicht zum Selbstzweck werden, denn das ist es nicht. Vielmehr ist Wachstum das Übel, das hinter unerreichbaren Zielen lauert.

CEOs streben nach Wachstum, damit sie länger auf ihren Posten verweilen und entsprechend reicher werden können. Die Börsenbroker wollen Wachstum, damit sie ihr Image polieren und reicher werden können.

Aber ist das alles nötig? Nicht wirklich. Wenn man bedenkt, zu welch haarsträubenden Dingen sich Top-Manager hinreißen lassen, um unnötiges Wachstum zu forcieren, kann man mit Fug und Recht von Verbrechen an der Marke sprechen. Die nachfolgende wahre Geschichte illustriert, dass die Gier nach Wachstum der Anfang allen Übels ist.

Ich wurde einmal von einem großen Multimarken-Pharmaunternehmen ersucht, die Businesspläne zu prüfen. Einer nach dem anderen breiteten die Markenmanager ihre Pläne für das kommende Jahr vor mir aus. Im Laufe der Präsentation warnte ein jüngerer Manager vor einem aggressiven neuen Konkurrenten in seinem Marktsegment, der die Marktmacht verändern würde. Als die Runde dann jedoch auf die Umsatzprognosen zu sprechen kam, war auf einmal von einer 15-prozentigen Steigerung die Rede. Natürlich fragte ich sofort, wie ein derartiges Umsatzwachstum angesichts eines so gefährlichen Konkurrenten denn sein könne. Die Antwort lautete, man plane einige kurzfristige Maßnahmen und Markenausdehnungen. Aber konnte das der Marke nicht langfristig schaden? Naja, schon. Und warum sollte man es dann tun? Weil sein Boss auf dieser Umsatzsteigerung bestünde, und ich solle doch mit ihm sprechen.

Eine Woche später gab besagter Boss zu, dass die Umsatzsteigerung wohl problematisch werden würde, sein eigener Boss diesen Zuwachs aber dringend benötigte, und zwar wegen – Sie ahnen es – der Wall Street.

Die 15-Prozent-Illusion

Carol Loomis, eine bekannte *Fortune*-Redakteurin, schrieb einen wegweisenden Artikel über dieses Thema (erschienen am 5. Februar 2001), der die „absurden Umsatzprognosen, die so oft zu verfehlten Geschäftszielen, einbrechenden Kursen und kreativer Bilanzbuchhaltung führen", in Frage stellte. Die Kernfrage, die Loomis stellte, lautete: „Warum können die CEOs es nicht lassen?" In ihrem Artikel beschrieb sie, was mittlerweile zu einem allgemein akzeptierten Verhalten von Führungskräften geworden ist:

> *Von allen erklärten Geschäftszielen gilt in größeren Unternehmen eine prognostizierte Aktienrendite von 15 Prozent per annum mittlerweile als normal. Das würde bedeuten, dass sie alle absolute Starunternehmen wären, denn mit einem 15-prozentigen Wachstum kann ein Unternehmen seinen Gewinn innerhalb von fünf Jahren verdoppeln. Damit wird es zum Börsenliebling, und dem CEO winkt eine Konfettiparade.*

Man muss kein Genie sein, um sich denken zu können, warum das so ist. Wachstumsprognosen wie diese sind Wasser auf den Mühlen des Börsenparketts. Sie gleichen einem Balzritual zwischen dem Top-Management und der Wall Street, bei dem man sich gegenseitig betörenden Unsinn ins Ohr flüstert. Das Management möchte die Top-Analysten dazu bringen, ihm zu folgen und seine Aktie zu empfehlen. Die Wall Street wiederum will einen Gewinner, der die Analysten gut aussehen lässt und mehr Geld anzieht.

Das Ganze ist nichts als eine große Seifenblase.

Die echten Zahlen

Wie Loomis in ihrem Artikel schreibt, haben umfangreiche Studien ergeben, dass nur wenige Unternehmen um 15 oder mehr Prozent wachsen. *Fortune* hat sich die Zahlen von 150 Unternehmen über drei Zeiträume während der vergangenen 40 Jahre angesehen (1960–1980, 1970–1990 und 1989–1999).

In jedem dieser Zeiträume konnten gerade einmal drei oder vier Unternehmen ein reales Wachstum von 15 und mehr Prozent vorweisen. Ungefähr 20 bis 30 Unternehmen lagen bei zehn bis 15 Prozent, 40 bis 60 bei fünf bis zehn Prozent, 20 bis 30 bei null bis fünf Prozent und weitere 20 bis 30 wiesen sogar negative Zahlen aus. Es gab also genauso viele große Verlierer wie große Gewinner.

Jede Strategie braucht einen Realitätsbezug

Insgesamt stieg während dieser 40 Jahre der Gewinn nach Steuern um jährlich etwas über acht Prozent. Entsprechend wuchsen die Unternehmen, die eine 15-prozentige Wertsteigerung erlebten, doppelt so schnell wie der Durchschnitt. Vor dem Hintergrund dieser Realität ist es kein Wunder, dass Unternehmen bereit sind, echte Sünden zu begehen, nur um ihre Wachstumsraten zu beschleunigen.

Unmögliche Ziele

Ziele sind schuld an aufgemotzten Marketingplänen. Ich kann sie nicht befürworten, weil sie dem Marketing jeden Realitätsbezug rauben. Manager, die von ihren eigenen Wunschvorstellungen besessen sind, lieben es, Ziele möglichst hoch anzusetzen.

Was aber sind Langzeitpläne anderes als akribisch genaue Zukunftsskizzen dessen, wo Top-Manager ihre Unternehmen in fünf bis zehn Jahren sehen? Die Rede ist hier von Marktanteils- und Renditezielen.

Dieser Managertypus versucht, bestimmte Entwicklungen zu forcieren, statt zu versuchen herauszufinden, welche Entwicklungen sich gewinnbringend nutzen lassen. Er neigt dazu, sich auf bestehende Märkte zu fixieren, statt nach neuen Chancen Ausschau zu halten. Zudem ist er innenzentriert statt marktorientiert.

Spricht man diese Manager darauf an, dass ihre Zielsetzungen nichts weiter als Wunschdenken sind, verteidigen sie ihre Ziele gern mit dem Argument, das seien anvisierte Punkte – quasi Richtwerte –, auf die man hinarbeite. Was sie dabei allerdings nicht erkennen, ist, dass sie mit diesen Zielen gleichzeitig ihre mangelnde Fähigkeit, ein mögliches Scheitern einzugestehen, kommunizieren. Aus diesem Grund sind Top-Manager nicht in der Lage, die richtigen Dinge zu tun: Sie sind viel zu sehr damit beschäftigt, unrealistischen Zielen hinterherzujagen.

Im Versuch, mythische Umsatzziele zu erreichen, fühlen sich Marketingmanager oft veranlasst, unnötige Markenausdehnungen voranzutreiben oder teure Promotionkampagnen zu starten, um den Vertrieb entsprechend anzukurbeln. Schlimmer noch. Das Ganze hält sie auch noch davon ab, die eigentlichen Probleme voll und ganz zu erkennen und mit aller Konsequenz zu lösen.

Ein weiteres Problem bei starrer Zielsetzung ist, dass sie der Inflexibilität Vorschub leistet. Wenn man auf ein bestimmtes Ziel fixiert ist, neigt man dazu, Chancen, die sich außerhalb der vorgezeichneten Route auftun, zu übersehen.

Ist Größe das wert?

Da wir gerade über Größe und die Gefahren des Wachstums gesprochen haben, sollten wir einmal darüber nachdenken, ob der verzweifelte Wunsch nach Wachstum wirklich die Mühe wert ist. Wenn man sich eingehend mit dem Thema befasst, stößt man ziemlich schnell auf eine erstaunliche Anzahl von Untersuchungen und Analysen, die den Grundsatz „größer = besser" ernstlich in Frage stellen. Nachdem ich auf diesem Gebiet eine Weile recherchiert hatte, fragte ich mich, was in aller Welt CEOs sich dabei gedacht hatten, als sie sich von der Fusionswut anstecken ließen.

Ist ein Unternehmen groß und erfolgreich, will es den Status quo erhalten. IBM weigerte sich zu erkennen, dass sich seine Mainframe-Welt hin zu Kleincomputern bewegte. General Motors verschloss vor der Tatsache die Augen, dass sich seine Welt der großen Limousinen zu einer Welt der Kleinwagen veränderte.

Als Ergebnis werden Entwicklungen, die das Hauptgeschäftsfeld eines Unternehmens gefährden könnten, missbilligt. Selten hört man Stimmen aus großen erfolgreichen Unternehmen verkünden: „Die neue Idee ist ja viel besser. Vergessen wir doch einfach unsere alte." Stattdessen versuchen Top-Manager sofort, an einer neuen Idee alle möglichen Schwachstellen auszumachen. Was sie nicht in Betracht ziehen, ist, eine neue Idee so weit zu optimieren, bis daraus eine so genannte *dis-*

ruptive technology[3] entsteht, oder zumindest eine, die das Gleichgewicht der Kräfte verschiebt.

Marktführer müssen allzeit bereit sein, sich selbst mit einer neuen Idee anzugreifen. Andernfalls wird es jemand anders tun.

Größe getarnt als Konvergenz

Eine der geläufigen Begründungen für die Notwendigkeit zur Größe besteht in dem Begriff Konvergenz. Sie basiert auf der These, dass die Technologien zuvor getrennter Gebiete zunehmend verschmelzen, weshalb eine Präsenz auf allen Gebieten erforderlich sei. Nirgends wurde die Konvergenz so gepriesen wie in der Medienwelt. Alle sechs großen amerikanischen Sender sind an ihre eigenen Film- und Fernsehproduktionen gebunden und haben damit die wahllose Integrationswut dieser Branche auf die Spitze getrieben. Fünf Unternehmen sind völlig vom Fusionsfieber gepackt (Viacom, Time Warner, Walt Disney, News Corporation und General Electric).

Doch im Laufe der Zeit erwiesen sich mehr und mehr dieser „Deals" als problematisch. Anstelle von Marketingcoups entpuppten sie sich als Buchführungsproblem. Wie Howard Stringer in der *New York Times* sagte: „Am Beginn von Fusionsgesprächen sehen die Bilanzen meist gut aus. Aber selbst nach Due-Diligence-Prüfungen stellt sich oft heraus, dass die Wertansätze falsch waren."

Größe ist schwer zu organisieren

Wirtschafter beschäftigen sich durchaus auch mit den organisatorischen Schwierigkeiten, mit denen große Unternehmen konfrontiert sind. Meiner Meinung nach liefert der britische Anthropologe Robin

---

[3] Dieser Begriff wurde von dem renommierten Harvard-Professor Clayton M. Christensen geprägt und bezeichnet eine neue Technologie, die eine andere obsolet macht (z.B. CDs statt LPs), *Anm. d. Ü.*

Dunbar aber die beste Analyse zum Management von Größe. In seinem exzellenten Buch *Tipping Point* macht Malcolm Gladwell uns mit Dunbar bekannt, dessen Arbeit sich vornehmlich mit dem befasst, was er die *soziale Kapazität* von Menschen nennt. Er hat sich mit der Frage beschäftigt, wie groß Gruppen maximal sein dürfen, damit wir uns darin noch wohlfühlen. Dunbars Beobachtungen zufolge bilden Menschen von allen Primaten die größten Sozialgruppen, weil sie die einzigen Säugetiere sind, deren Gehirn groß genug ist, um die damit verbundenen Komplexitäten zu bewältigen. Gemäß Dunbar kann der Mensch mit maximal 150 Individuen eine echte soziale Beziehung eingehen, wobei unter sozialer Beziehung zu verstehen ist, dass wir wissen, wer die Individuen sind und in welcher Beziehung sie zu uns stehen.

Gladwell fasst Dunbars Arbeit unter anderem in der folgenden Beobachtung zusammen, die den Kern der Bedeutung nicht handhabbarer Größe trifft:

Jede darüber hinausgehende Größe erfordert komplizierte Hierarchien, Regeln, Vorschriften und formelle Maßnahmen, mit der Loyalität und Zusammenhalt gesichert werden. Unter 150 aber, so argumentiert Dunbar, ist es möglich, dieselben Ziele informell zu erreichen: „Bei dieser Größe können Befehle umgesetzt und regelwidriges Verhalten allein auf Basis der persönlichen Loyalitäten und direkten zwischenmenschlichen Kontakten kontrolliert werden; bei größeren Gruppen wird das unmöglich."

Persönliche Interessen

Was Dunbar nicht vorhersehen konnte, war das, was in großen Unternehmen geschieht. Alle hoch entwickelten Primaten sind auf eine *persönliche Agenda* konditioniert. Soll heißen: Wenn der menschliche Primat eine Entscheidung treffen muss zwischen dem, was für das Unternehmen und was für einen selbst das Beste ist, dann wird er sich in der Mehrzahl der Fälle für das entscheiden, was seine eigenen Karriereaussichten verbessert. Eine andere Umschreibung dafür ist: *sein Terrain markieren.*

In all den Jahren, die ich in der Wirtschaft verbracht habe, habe ich noch nie einen Marketingexperten kennen gelernt, der eine neue Stelle antritt, sich umsieht und dann zu dem Schluss kommt: „Das sieht ja alles ganz gut aus. Am besten, wir lassen alles, wie es ist." Ganz im Gegenteil. Alle waschechten Marketingexperten wollen sich kopfüber ins Geschehen stürzen und sofort alles anders machen. Sie wollen ihr Terrain markieren. Einfach für Kontinuität zu sorgen kommt ihnen irgendwie nicht richtig vor. Wenn die Büroflure vor Mitarbeitern nur so wimmeln, dann muss man damit rechnen, dass ohne Ende an der Marke herummanipuliert wird – sonst fangen die Leute an, sich zu langweilen.

Und genau so geraten Marken in Schwierigkeiten. Je mehr Mitarbeiter man hat, umso problematischer wird es, sie zu führen.

Der Kampf der CEOs, Schritt zu halten

Das ganze Streben nach Wachstum und Größe hat zahlreiche Marktgiganten hervorgebracht, die ums Überleben kämpfen. DaimlerChrysler streicht 26.000 Stellen bei Chrysler. Die Bank of America Corporation und Bank One haben fusioniert und kämpfen seitdem mit zu hohen Kosten.

Vor diesem Hintergrund verwundert es nicht, dass das *Wall Street Journal* einen exzellenten Artikel über den Kampf der CEOs mit der Unternehmensgröße schrieb. Gemäß diesem Artikel hat die Unternehmensführung „eine neue Stufe der Komplexität und einen neuen Grad an Verwirrung" erreicht. Die Probleme, die mit zunehmender Größe einhergehen, fasst der Artikel wie folgt zusammen:

> *Kapitalströme fließen weltweit, die wirtschaftliche Situation der einzelnen Länder geht auf und ab, und Verbrauchervorlieben ändern sich minütlich. Informationen verbreiten sich in Sekunden-*

schnelle, ob Gewinnprognosen oder üble Gerüchte. Jedes ungeschickte Vorgehen oder Straucheln wird gründlicher durchleuchtet denn je. Entscheidungen müssen schnell und auf Basis begrenzter Informationen getroffen werden. Angesichts der überwältigenden Expansion der Unternehmen in den letzten Jahren werden selbst so alltägliche Vorgänge wie die Kommunikation mit den Mitarbeitern immer schwieriger.

Allem Anschein nach bekommt ein CEO heute nicht allzu viel Schlaf.

Dranbleiben

Viele CEOs konzentrieren ihre gesamte Energie auf die neuen Technologien. Ein CEO verschickt regelmäßig E-Mails an 30.000 Mitarbeiter, in denen er um Feedback bittet. (Hilfe, ich versinke in Computerausdrucken?) Ein anderer hält regelmäßig Videokonferenzen ab, in deren Verlauf er sorgfältig darauf achtet, immer wieder dasselbe zu sagen, um ja keine unterschiedlichen Botschaften zu vermitteln. (Hilfe, die immergleiche Rede langweilt mich zu Tode!) Und dann sind da noch die endlosen Flugreisen, mit denen ein CEO problemlos 150.000 Meilen im Jahr macht. (Hilfe, mein Biorhythmus weiß nicht mehr, wie spät es ist!)

Was ich aber wirklich erschreckend finde, ist das zunehmende Bedürfnis, mehr und mehr Zeit mit Public und Investor Relations zu verbringen. Ein CEO opfert dafür einen Tag pro Woche. Sein Argument: „Großaktionäre wollen jederzeit auf dem Laufenden sein. Heute ist es Usus, dass man mit ihnen ständig im Gespräch bleibt."

Was bedeutet, dass sich jemand anderes um das operative Geschäft kümmern muss.

Da haben wir's: Die CEOs der großen Unternehmen haben gar nicht die Zeit, sich mit all den wichtigen Entscheidungen zu befassen, die ihnen später das Genick brechen können. („Ich würde mich damit gern näher beschäftigen, aber ich muss einen unserer Hauptaktionäre zurückrufen.") Kein Wunder, dass CEOs eine immer kürzere Halbwertszeit haben. Wie wollen sie dabei noch genau wissen, was ihre Mitbewerber machen, und darüber im Bilde sein, was ihr eigenes Unternehmen einzigartig macht?

Die Realität des Marktes

Mein Rat: CEOs können heute zwar nicht immer über alle Details auf dem Laufenden sein, sollten sich aber auf die Realität des Marktes konzentrieren. Wenn einer Ihrer Marketingexperten zu Ihnen kommt und ein neues Produkt vorstellt, dann fragen Sie ihn als Erstes, wie viele Konkurrenzprodukte bereits auf dem Markt sind. Als Nächstes möge er Ihnen bitte erklären, warum die Menschen Ihr neues Produkt kaufen sollen anstatt die bereits vorhandenen der Konkurrenz. Falls Sie darauf keine überzeugende Antwort erhalten, schicken Sie ihn zurück in die Produktentwicklung. Doch vorher erinnern Sie ihn an eines der Grundgesetze der Positionierung: „Es ist besser, Erster zu sein, als besser zu sein." Das ist die Realität, kein Wunschdenken.

Der verstorbene David Packard, einer der Gründer von Hewlett-Packard, hat einst eine brillante Beobachtung geäußert, die sich hervorragend als Schlusssatz für dieses Buch eignet: „Marketing ist zu wichtig, als dass man es der Marketingabteilung überlassen sollte."

FAZIT

Ziele sind wie Träume.
Wachen Sie auf und schauen Sie der Realität in die Augen.

Weitere Veröffentlichungen von Jack Trout

Dieses Buch ist eine Zusammenfassung aller Aspekte einer effektiven Strategie, die jeder für sich bereits Thema eines Buches gewesen sind. Wer sich in einen bestimmten Aspekt vertiefen möchte, dem seien die folgenden Bücher empfohlen.

Mehr zum Thema Wahrnehmung

Positioning: The Battle for Your Mind
Positioning. Die neue Werbestrategie (dt.)

Jack Trout und Al Ries

Seit seinem Erscheinen 1981 ist dieser Bestseller um die Welt gegangen und für viele zur Strategiebibel geworden. Das Werk zählt zu den einflussreichsten Werbebüchern, die je geschrieben wurden. Der englische Originaltitel ist in neuer und überarbeiteter Ausgabe erhältlich. Die deutsche Übersetzung ist als autorisierte Kopie bei Trout & Partners Austria (Tel.: +43 70 775 682, E-Mail: Austria@TroutAndPartners.com) zu beziehen.

Positioning: The Battle for Your Mind
The 20th Anniversary Edition

Jack Trout und Al Ries

Erschienen im Jahr 2001 enthält diese Ausgabe des Werkes *Positioning. Die neue Werbestrategie* Kommentare der Autoren zu ihren in ihrem Erstlingswerk erstellten Prognosen und dem aktuellen Stand der Dinge – eine faszinierende Retrospektive.

Weitere Veröffentlichungen von Jack Trout

The New Positioning. The Latest of the World's #1 Business Strategy
New Positioning. Das Neueste zur Business-Strategie Nr. 1 (dt.)

Jack Trout und Steve Rivkin

In diesem Werk, das 1996 erschienen ist, wird der Positionierungsansatz aktualisiert und erweitert. Das Buch enthält psychologische Aspekte, weitere Beispiele und die fünf zentralen Elemente des Positionierungsprozesses – die wesentlichen Worte zum wichtigsten Wort im Geschäftsleben. Die deutsche Übersetzung kann ebenfalls über Trout & Partners Austria (s. Seite 123) bezogen werden.

Mehr zum Thema Wettbewerb

Marketing Warfare
Marketing Generalstabsmäßig (dt.)

Jack Trout und Al Ries

Erschienen im Jahr 1986 hat dieses Werk als erstes dargelegt, wie Unternehmen militärische Strategien nutzen können, um ihre Wettbewerber auszumanövrieren, zu überflügeln und in die Enge zu treiben. Dieser Titel, der in 18 Sprachen übersetzt wurde, beschreibt das effektivste Wettbewerbsmodell, das je entwickelt wurde. Der englische Originaltitel ist heute noch ein aktueller Bestseller. Die deutsche Übersetzung ist als autorisierte Kopie bei Trout & Partners Austria (s. Seite 123) erhältlich.

Mehr zum Thema Taktik und Strategie

Marketing fängt beim Kunden an. Bottom-Up-Marketing – Taktik geht vor Strategie

Jack Trout und Al Ries

Dieser Titel, der 1989 erschienen ist, beschreibt, wie man eine Marketingstrategie entwickelt, indem man an der Basis beginnt und eine Erfolg versprechende Taktik findet. Diese Taktik ist die mentale Wettbewerbsposition. Die Strategie ist eine kohärente Marketingausrichtung, die aus dieser Position den größtmöglichen Nutzen zieht.

Mehr zum Thema Einfachheit

Die Macht des Einfachen

Jack Trout mit Steve Rivkin

Dieses Werk ist 1999 erschienen und bietet ein hoch wirksames Gegenmittel für die Komplexität im Geschäftsleben – den gesunden Menschenverstand. Viele Menschen versuchen, mit Komplexität ihre mangelnde Kompetenz zu verschleiern und sich abzusichern. *Die Macht des Einfachen* ist eine Anleitung dazu, schnörkellos geradeaus zu denken und das Wesentliche aus hochtrabendem Managementjargon zu destillieren. Dieses Buch unterstützt Sie dabei, große Ideen in einfache Worte zu kleiden.

Mehr zum Thema Marketinggesetze

Die 22 unumstößlichen Gebote im Marketing. So tricksen Sie Ihre Konkurrenz aus

Jack Trout und Al Ries

Erschienen im Jahr 1993 stellt dieses Werk die definitiven Marketinggesetze vor, die in unprätentiöser Sprache und anhand zahlreicher Beispiele illustrieren, warum Unternehmen erfolgreich sind oder scheitern.

Mehr zum Thema Differenzierung

Differenzieren oder verlieren.
So grenzen Sie sich vom Wettbewerb ab und gewinnen den Kampf um die Kunden

Jack Trout mit Steve Rivkin

Dieses Buch ist im Jahr 2000 erschienen und bietet eine gründliche Untersuchung der erfolgreichsten Differenzierungsstrategien der Ge-

genwart. Trouts Rat: Wenn Sie über kein Differenzierungsmerkmal verfügen, tun Sie gut daran, zu niedrigstmöglichen Preisen zu verkaufen. Oder, wie Scott McNealy, CEO von Sun Microsystems, es ausgedrückt hat: „Das kann den Unterschied ausmachen, ob Sie fressen oder gefressen werden."

Mehr zum Thema Realität

Große Marken in Gefahr.
Was Sie aus den verhängnisvollen Fehlern bekannter Spitzenunternehmen lernen können

Jack Trout

Dieses Werk ist im Jahr 2001 erschienen und bietet wichtige Lektionen, die man aus Fehlern ziehen kann. Das Buch entstand kurz vor dem Einbruch der Aktienmärkte und zahlreicher namhafter Unternehmen. Es erklärt detailliert die Gründe für ihre Misserfolge und zeigt auf, wie sich Fehler vermeiden lassen – wobei alle eines gemeinsam haben: einen mangelnden Realitätsbezug der Unternehmen. Denn: Es geht nicht darum, was Sie möchten. Es geht darum, ob Ihr Wettbewerber Sie lässt.

Mehr für den CEO

Der Geist und das Greenhorn. Die wundersame Verwandlung eines Erbsenzählers zum Marketing-Genie

Jack Trout

Dieses Buch ist im Jahr 2003 erschienen und sozusagen ein Survival-Guide für CEOs im Kampf gegen ein verfehltes Marketing. Angesichts des extremen Drucks, unter dem CEOs heute stehen, ist ihre Fähigkeit, die richtige Marketingstrategie zu entwickeln, von zentraler Bedeutung für ihr eigenes Überleben und das ihrer Unternehmen. Verpackt als Fabel gibt „ein weiser Geist" Tipps. An seiner Seite entwickelt sich der

CEO in dieser Geschichte zu einem echten Profi in strategischem Marketing. Als Jack Trout gefragt wurde, wie lange die Entstehung dieses Buches gedauert hat, antwortete er: „Vierzig Jahre."

Über den Autor

Jack Trout ist Präsident von Trout & Partners, einer Marketingstrategieberatung mit Niederlassungen in 13 Ländern. Er ist Autor und Co-Autor einiger der wichtigsten Bücher zum Thema Marketing, darunter *Positioning. Die neue Werbestrategie*, *Marketing Generalstabsmäßig*, *Differenzieren oder verlieren* und *Die 22 unumstößlichen Gebote im Marketing*, das zu einer Bibel für Marketingprofis wurde. Man erreicht Jack Trout im Internet unter: www.troutandpartners.com.

Stichwortverzeichnis

A
Angst vor Angeberei 55
Ansatzpunkt, konkurrenzorientierter 69
Ära von Spezialisten 75
Auswahlmöglichkeiten 16 ff.

B
Beeinflussung 31
Begriff, generischer 78
Beschleunigung 21
Besetzen eines Attributs 45
Bevorzugung 54
Beweisführung, glaubwürdige 57
Botschaft 57
Bottom-up-Marketing 71
Branchenexperten 56
Branchenwertung 56

C
Coca-Cola 33, 46
Courage, mentale 109

D
Datenflut 87
Differenzierung 41 ff.
Differenzierungsmerkmal 52

E
Eigenschaft 44
Einfachheit 27, 83, 96

Einsatz guter Strategien 15
Einstellungen 34
Einzelhandel 74
Einzigartigkeit 13
Entscheidung, strategische 11
Entscheidungshilfe-Industrie 19
Erfolg, langfristiger 11
Erinnerungsvermögen 30
Erster sein 43
Expansion in neue Geschäftsfelder 80
Experte 38
Explosion der Auswahl 16

F
Familientradition 51
Flexibilität 109
Fokusgruppen 88
Fokussierung 78, 92
Formulierungen, verwirrende 98
Fortschritt 50
Führung 99, 108
Führung, effektive 100
Führungspersönlichkeit 103 f., 109

G
Gates, Bill 28
Gedächtnis 33
Gedächtnis der Kunden 23, 106
Gedächtnis, unsicheres 29
Gefahren des Wachstums 117

Stichwortverzeichnis

Gefolgschaft 104
Gehirn, menschliches 24
General Electric 11, 73
General Motors 101, 106
Globalisierung 62
Größe 117 ff.
Guerillakrieg 67

H
Herdentrieb 30 f.
Herstellungsart 53
Hierarchien 99

I
IBM 46, 61
Idee, differenzierende 57
Idee, neue 43
Inflexibilität 117
Inspiration 100
Instinkt 83
Interessen, persönliche 119
Investor Relations 121

K
Käufereinstellung 90
Kernkompetenz 73
Kommunikation 58
Kommunikationstaktik 68 ff.
Komplexität 27, 120
Komplexität vermeiden 96
Konkurrent 72
Konkurrenzkampf 59
Konkurrenzorientierung 63
Konkurrenzprodukt 122

Kontinuität 120
Konzepte, unverständliche 98
Kriegsführung, defensive 65
Kriegsführung, flankierende 66
Kriegsführung, offensive 65
Kühnheit 109
Kundenreklamation 43
Kundenzufriedenheit 42 f.

L
Leadership 46
Leistung, überlegene 22
Lotus Development Corporation 107

M
Managementjargon 95
Manzi, Jim 108
Marke, eigene 39
Markenausdehnungen, unnötige 116
Markenausweitungsfalle 36
Marketing 12
Marketingausrichtung, kohärente 70
Marketingkrieg 64 ff.
Marketingmix 70
Marketingplan der Zukunft 63
Marketingstrategie 68 ff.
Markt, globaler 17
Marktanteile 47
Marktforschung 85
Marktführer 47
Marktrealität 110
Meinungen, ehrliche 103

Stichwortverzeichnis

Menschenverstand, gesunder 83
Mitarbeiter, besserer 59 f.
Mitläufereffekt 32
Mitwettbewerber 63
Modewörter vermeiden 96

N
Nachahmer 44
Nestlé 46
Neuigkeitswert 26

P
Performance Leadership 48
Perot, Ross 101
Perspektive 36
Perspektiven, langfristige 107
Positionierung 13
Positionierung als Spezialist 82
Präsentation 97
Prinzip der Teilung 18
Produkt, neues 43
Produktauswahl 20
Produktionsmethode, richtige 53
Produktionsverfahren 51
Produktkategorie 25, 38, 91
Produktleiter 25
Public Relations 56, 121

Q
Quadrat, strategisches 64
Qual der Wahl 15
Qualität 42
Qualität der Führung 111

Qualitätskrieg 41
Quantität der Ressourcen 111

R
Realitätsbezug 113 ff.
Richtung 11
Risiko, wahrgenommenes 30

S
Sammeln von Erkenntnissen 85
Schreib- und Sprachstil 94
Schwachpunkte 63
Smith, Roger 101
Sony 53
Spezialisierung 72 f., 76
Spezialist, fokussierter 37
Spezialisten, große 79
Sprache, direkte 96
Sprache, komplexe 93
Strategie 22
Strategie, kohärente 107
Streben nach Wachstum 120

T
Technologieführerschaft 48
Testimonials 32
Testmärkte 90
Top-down-Denken 69
Tradition 33, 48 ff.

U
Umsatz 55
Umsatzprognosen 105
Unternehmensrealität 110

Stichwortverzeichnis

V
Unterschied kommunizieren 57
Verbraucher 105
Verbrauchergedächtnis 93
Verbraucherverhalten 89
Verwirrung 26
Vorstellungen, falsche 60

W
Wachstum 76
Wachstum, unnötiges 114
Wachstumsfalle 113
Wachstumsprognose 115
Waffen des Spezialisten 38
Wahlmöglichkeiten 19
Wahrheit 35, 61
Wahrnehmung 23, 39, 91, 105
Wal-Mart 110
Wettbewerber, undifferenzierte 76
Wettbewerbsanalyse 86
Wettbewerbsbeobachtung 86
Wettbewerbsintensität 20
Wettbewerbsstrategie, richtige 64
Wettbewerbsvorteil 43, 71
Wunschdenken 116

Z
Zahlen, echte 115
Ziele, unmögliche 116
Zuhören, aufmerksames 97
Zutat, magische 52

Trout & Partners
Pioneers in Positioning

Austria – Germany - Switzerland

Die Trout & Partners Group hat in 35 Jahren mehr als 4000 Projekte in 75 verschiedenen Industriezweigen durchgeführt.
Unsere Perspektive ist die Sicht der Kunden. Wir arbeiten mit großen Kunden an großen Problemen.
Universitätslektor Mag. Lorenz Wied, MBA hat nach 20-jähriger Tätigkeit in Führungsfunktionen in der Industrie, Trout & Partners Austria und Germany gegründet und berät Unternehmen im deutschsprachigen Raum.
Er ist Lektor an der Universität in Linz und trägt bei MBA-Lehrgängen sowie an anderen Universitäten und Seminaranbietern häufig vor.

Büros in Österreich

4020 LINZ
Landstraße 15 a
+43 70 775682

1010 WIEN
Börsegasse 12
T+F +43 1 5333588

e-mail: Austria@TroutAndPartners.com

www.positioning.at

Büro Deutschland

Wittelsbacherstraße 1
D-83435 BAD REICHENHALL
+49 8651 985588

e-mail: Germany@TroutAndPartners.com

www.troutandpartners.com

Positionierung – Differenzierung im Gedächtnis.
Strategie – bedeutet heute Differenzierung.

Vom Bestseller-Autor C. K. Prahalad!

- Das gemeinsame Schaffen von Werten
- Erfahrungsinnovation, -personalisierung und -netzwerke
- Der Markt als Forum
- Neues strategisches Kapital aufbauen
- Der Manager als Verbraucher
- Neues Wissen schnell erwerben
- Strategie als Entdeckungsprozess
- Neue Möglichkeiten für die Zukunft schaffen

2004, 368 Seiten, geb.
ISBN 3-7093-0039-8
EUR 29,80

In ihrem visionären Buch gehen C. K. Prahalad und Venkat Ramaswamy der Frage nach, warum Unternehmen bis heute außerstande sind, ihre Kunden wirklich zufrieden zu stellen. Sie überlegen, wie es angehen kann, dass in einer Welt der unbegrenzten Möglichkeiten, in der praktisch alle Wünsche sofort befriedigt werden können und sich unzählige Chancen zur Innovation bieten, Unternehmenswachstum und Rentabilität keine Selbstverständlichkeit sind.

Wollen Unternehmen unter den neuen Marktbedingungen wettbewerbsfähig bleiben, müssen sie also ihre Infrastrukturen grundlegend verändern: Informationen und Abläufe müssen für jedermann transparent und zugänglich sein; der Austausch mit dem Kunden darf sich nicht mehr nur auf die Transaktion beschränken, sondern muss zum sinnvollen Dialog werden. Prahalad und Ramaswamy entwerfen Fragen, an denen sich die Strategien der Zukunft zu orientieren haben, wollen die Unternehmen auf dem Markt bestehen.

LINDE
international

Linde Verlag Wien
Scheydgasse 24 • 1211 Wien • Tel.: (01) 24 630 • Fax: (01) 24 630-23 • E-Mail: office@lindeverlag.at
www.lindeverlag.at

Bestseller in UK – 250.000 Startauflage in den USA!

- Zeigt die 7 wichtigsten Fragen auf, die es im Leben zu stellen gibt
- Zeigt den schnellsten Weg, wie man sein Leben ändern kann
- Der Autor ist einer der meistgefragten Trainer Europas
- David Taylors Sprache ist einfach und direkt: seine wichtigsten Lektoren waren seine 12-jährige Tochter und sein 84-jähriger Vater
- Für alle Lebensbereiche – Berufs- und Privatleben – einsetzbar

2003, 288 Seiten, geb.
ISBN 3-7093-0009-6
EUR 25,60

David Taylor präsentiert eine neue Art des Führens: Frei von schwerfälliger Theorie und unverständlichem Fachjargon stellt Taylor den Menschen vor den Arbeitsprozess, die freie Entscheidung vor Veränderung um jeden Preis und die Sinnsuche vor Gewinnmaximierung. Er hilft dem Leser, Unsicherheit und Zweifel abzustreifen, und zeigt, dass alles, was zum Erreichen der Ziele notwendig ist, bereits in jedem Einzelnen steckt.

the naked leader macht klar, dass es mit der richtigen Einstellung gelingt, Beziehungen aufzubauen, Vertrauen zu gewinnen, und dass auf der Gewinnerseite zu stehen nicht bedeutet, die anderen zu Verlierern zu machen. Denn: **LINDE** *international*
We are human beings not human doings!

Linde Verlag Wien
Scheydgasse 24 • 1211 Wien • Tel.: (01) 24 630 • Fax: (01) 24 630-23 • E-Mail: office@lindeverlag.at   www.lindeverlag.at

Die einzige dumme Frage ist die nicht gestellte Frage

- Welche Fragen sollten sich Führungskräfte selbst stellen?
- Welche Fragen sollten sie ihren Mitarbeitern stellen?
- Welche Fragen sollten sie ihren Kunden stellen?

2003, 264 Seiten, geb.
ISBN 3-7093-0012-6
EUR 25,60

Dürfen Führungskräfte fragen? Sie müssen sogar, sagt Chris Clarke-Epstein. Denn Fragen bringen weiter als vorzugeben, auf alles eine Antwort zu wissen. Wer fragt, hält die Kommunikation in Fluss, lernt andere zu verstehen und deckt Probleme auf. Und wer richtig fragt, wählt den geeigneten Zeitpunkt, formuliert gekonnt, hört aktiv zu und bekommt wertvolle Antworten – auf alle 78 Schlüsselfragen, die jede Führungskraft sich selbst, ihren Mitarbeitern und Kunden stellen sollte.

78 Schlüsselfragen macht den Leser zum Kommunikationsprofi und verhilft damit zur effizienteren Arbeit ebenso wie zum Erreichen gemeinsamer Ziele.

„Ein großartiger Leitfaden für alle neuen Führungskräfte ... und alte Hasen auf der Führungsebene können noch viel mehr daraus lernen. Ich hätte dieses Buch schon vor zehn Jahren gebraucht."
Kay Grinnell, Partner, Deloitte Consulting

LINDE
international

Linde Verlag Wien
Scheydgasse 24 • 1211 Wien • Tel.: (01) 24 630 • Fax: (01) 24 630-23 • E-Mail: office@lindeverlag.at
www.lindeverlag.at